CB137073

GUIA VISUAL FOLHA DE S.PAULO

GUIA DE CONVERSAÇÃO ILUSTRADO

FRANCÊS

ESSENCIAL PARA A COMUNICAÇÃO • LIVRO e CD

PUBLIFOLHA

Um livro da Dorling Kindersley
www.dk.com

Título original: EWT French Phrase Book and CD

© 2008 Dorling Kindersley Limited
© 2009 Publifolha – Divisão de Publicações da Empresa Folha da Manhã S.A.

Todos os direitos reservados. Nenhuma parte desta publicação pode ser reproduzida, arquivada ou transmitida de nenhuma forma ou por nenhum meio sem permissão expressa e por escrito da Publifolha – Divisão de Publicações da Empresa Folha da Manhã S.A.

Proibida a comercialização fora do território brasileiro.

PUBLIFOLHA
Divisão de Publicações do Grupo Folha
Al. Barão de Limeira, 401, 6° andar
CEP 01202-900, São Paulo, SP
Tel.: (11) 3224-2186/2187/2197
www.publifolha.com.br

Coordenação do Projeto: Publifolha
Coordenação Editorial: Camila Saraiva
Coordenação de Produção Gráfica: Soraia Pauli Scarpa
Assistência de Produção Gráfica: Mariana Metidieri

Produção Editorial: Página Viva
Tradução: Vitor Rocha
Consultoria: Éric Heneault
Revisão: Rosi Ribeiro
Editoração Eletrônica: Priscylla Cabral

CD de Áudio – Masterização, Edição e Locução Masculina em Português: Fábio Arantes
Locução Feminina em Português: Gigi Trujillo

Dorling Kindersley Limited
Editor Sênior: Angela Wilkes; Editor de Arte: Silke Spingies; Produtor: Lucy Baker; Gerente de Produção: Inderjit Bhullar; Gerente Editorial: Julie Oughton; Gerente de Arte: Christine Keilty; Diretor Editorial: Jonathan Metcalf; Diretor de Arte: Bryn Walls; Produzido pela SP Creative Design; Editor: Heather Thomas; Designer: Rolando Ugolino

Imagens da capa: Corbis: Doug Pearson/JAI; PunchStock: Photodisc; Alamy Images: Chris Howes/Wild Places Photography

O Guia Ilustrado de Conversação Francês inclui um CD de áudio que não pode ser vendido separadamente.

Dados Internacionais de Catalogação na Publicação (CIP)
(Câmara Brasileira do Livro, SP, Brasil)

Francês : guia de conversação ilustrado / [Dorling Kindersley ; tradução Vitor Rocha] . – 2ª ed. – São Paulo : Publifolha, 2010. – (Coleção guia de conversação ilustrado)

Título original: French phrase book.
Inclui CD.
ISBN 978 85-7914-063-1

1. Francês - Vocabulários e manuais de conversação - Português 2. Português - Vocabulários e manuais de conversação - Francês I. Dorling Kindersley. II. Série.

10-12544 CDD-443.69

Índices para catálogo sistemático:
1. Francês : Guia de conversação : Linguística 443.69
2. Guia de conversação : Francês : Linguística 443.69

A grafia deste livro segue as regras do Novo Acordo Ortográfico da Língua Portuguesa.

SUMÁRIO

INTRODUÇÃO

Este *Guia de Conversação Ilustrado* fornece todas as palavras e frases essenciais que você provavelmente vai usar em situações do cotidiano. Elas estão agrupadas por assunto, e as frases básicas foram separadas em pequenos segmentos para ajudá-lo a construir diversas sentenças. Boa parte do vocabulário é ilustrada, para facilitar a memorização, e os quadros "Talvez você ouça" trazem perguntas comuns e frequentes. No final do guia há um cardápio, com cerca de 500 termos de culinária e pratos típicos, e um minidicionário com 2 mil palavras, que permite a consulta rápida do francês para o português e do português para o francês. Nas guardas aparecem os números e as frases mais úteis.

Substantivos

Em francês, os substantivos são masculinos ou femininos. No singular, aparecem com o artigo **le** (masculino) e **la** (feminino); ele muda para **l'** antes de vogais. A forma do plural é **les**. No minidicionário Francês-Português, no fim do livro, você encontra o gênero das palavras.

Adjetivos

A maioria dos adjetivos franceses concorda em gênero e número com o substantivo. Neste guia, é apresentada a forma masculina singular seguida da feminina singular:

Estou perdido/a. **Je suis perdu/perdue.**

"Você"

Há duas formas de dizer "você" em francês: **vous** (polida) e **tu** (familiar). Aqui foi adotada a forma **vous**, pois esta é a maneira comum de se dirigir a estranhos.

Verbos

Há casos em que o verbo assume formas distintas no singular e no plural. Quando isso ocorre, você verá no texto a forma singular seguida da forma plural. Por exemplo:

Onde é/são...? **Où se trouve/trouvent...?**

GUIA DE PRONÚNCIA

Neste livro, abaixo de cada palavra ou frase em francês há um guia de pronúncia em itálico, com a sílaba tônica sublinhada. Leia como se fosse português e provavelmente será compreendido, mas lembre-se de que é apenas uma orientação. Para obter bons resultados, ouça o CD de áudio e procure conversar com falantes nativos e imitá-los. Alguns sons do francês requerem uma explicação especial:

l	a letra **l** deve ser falada com a língua tocando no céu da boca; na pronúncia figurada é indicada por 'll'
n	a pronúncia do **n** é anasalada quando a letra está na combinação **on**, **an** ou **in**. Imagine dizer **on** pelo nariz. Na pronúncia figurada o **on** é indicado por 'õ' e o **an** é indicado por 'ã'.
r	o **r** é pronunciado na parte de trás da garganta, criando um som parecido com um gargarejo; na pronúncia figurada é indicado por 'rr'.
er/ez	essas terminações são pronunciadas como o 'ê' de 'purê'.

Preste atenção também no som destas vogais:

au/eau/aux	como 'avô' em português
eu	preparar os lábios para falar 'o' mas pronunciar 'e'
oi	como 'chuá' em português
u	pode ter o som de 'ã' (como em **un**) ou de 'i' fechado (como em **une**; é o famoso biquinho: preparar os lábios para falar 'u' mas pronunciar 'i').

VOCABULÁRIO BÁSICO

Nesta seção você vai encontrar todas as palavras básicas e frases úteis de que vai precisar para as conversas e situações do cotidiano. Mas não se esqueça de levar em conta as diferenças culturais quando se dirigir a um francês; eles costumam ser formais quando se cumprimentam, usando sempre *Monsieur* (para homens), *Madame* (para mulheres) e *Mademoiselle* (para meninas e moças) e frequentemente dando um aperto de mãos.

SAUDAÇÕES

Olá.	Bonjour. *bõjurr*
Boa noite.	Bonsoir. *bõssuárr*
Boa noite (ao ir embora).	Bonne nuit. *bón nuí*
Até logo.	Au revoir. *orrvuárr*
Oi/Tchau!	Salut! *sali*
(Muito) Prazer.	Enchanté/Enchantée. *anchantê*
Como vai?	Comment ça va? *comã sa va*
Bem, obrigado/a.	Bien, merci. *biã merrci*
De nada.	De rien. *de riã*
Meu nome é…	Je m'appelle… *je mapéll*
Qual é o seu nome?	Vous vous appelez comment? *vu vuzapelê comã*
Qual é o nome dele/a?	Comment s'appelle-t-il/elle? *comã sapéll til/téll*
Este é…	C'est… *sé*
Prazer em conhecê-lo/a.	Au plaisir. *ô plezirr*
Até amanhã.	À demain. *a demã*
Até breve.	À bientôt. *a biãtô*

BATE-PAPO

Sim/Não.	Oui/Non. *uí/nõ*
Por favor.	S'il vous plaît. *sill vu plé*
(Muito) Obrigado/a.	Merci (beaucoup). *merci (bocu)*
De nada.	De rien. *de riã*
Tudo bem/Está bem.	D'accord/Bien. *dacór/biã*
Como?	Pardon? *pardon*
Com licença.	Excusez-moi. *ecskizêmoá*
Desculpe-me.	Désolé/désolée. *dezolê*
Eu não sei.	Je ne sais pas. *je ne sé pá*
Eu não entendo.	Je ne comprends pas. *je ne comprrã pá*
Poderia repetir?	Vous pouvez répéter? *vu puvê rêpêtê*
Eu não falo francês.	Je ne parle pas français. *je ne parle pá frrancé*
Você fala inglês?	Vous parlez anglais? *vu parlê ãnglé*
Como se diz em francês...?	Comment dit-on... en français? *cômã di tõ... ãn frrancé*
O que é isso?	Qu'est-ce que c'est? *késke sé*
Como se chama isso?	Ça s'appelle comment? *sa sapéll comã*
Você pode me dizer...	Vous pouvez me dire... *vu puvê me dir*

FALAR DE SI MESMO

Eu sou de...	Je viens de... *je viã de*
Eu sou...	Je suis... *je suí*
... inglês/esa.	... anglais/anglaise. *ãnglé/ãngléz*
... americano/a.	... américain/américaine. *amerrikã/amerrikén*
... canadense.	... canadien/canadienne. *kanadiã/kanadién*
... australiano/a.	... australien/australienne. *ostraliã/ostralién*
... solteiro/a.	... célibataire. *celibatér*
... casado/a.	... marié/mariée. *marriê*
... divorciado/a.	... divorcé/divorcée. *divorcê*
Eu tenho... anos.	J'ai... ans. *jé... ãn.*
Eu tenho...	J'ai... *jé*
... um namorado/uma namorada.	... un copain/une copine. *ã copã/ine copín*

Talvez você ouça...

- D'où venez-vous?
  du venêvu
  De onde você é?
- Vous êtes marié/mariée?
  vu zét marriê
  Você é casado/a?
- Vous avez des enfants?
  vu zavê dé zãfã
  Você tem filhos?

VIDA SOCIAL

Você mora aqui?	Vous habitez ici? *vuzabitê issi*
Onde você mora?	Vous habitez où? *vuzabitê u*
Eu estou aqui...	Je suis ici... *je suí issi*
... de férias.	... en vacances. *en vacãns*
... a trabalho.	... pour affaires. *pur afér*
Eu sou estudante.	Je suis étudiant/étudiante. *je suí etidiã/etidiãt*
Eu trabalho em...	Je travaille dans... *je trravai dã*
Eu sou aposentado/a.	Je suis retraité/retraitée. *je suí retrretê*
Pode me dar...	Je peux avoir... *je pe avoar*
... seu telefone?	... votre numéro de téléphone? *votrr nimêrrô de telefón*
... seu endereço eletrônico?	... votre adresse email? *votrr adrress iméll*
Não tem importância.	Ce n'est pas grave. *se né pá grrav*
Saúde! (brinde)	Santé! *sãtê*
Como vai?	Ça va? *sa va*
Eu estou bem.	Ça va. *sa va*
O que você acha?	Qu'est-ce que vous en pensez? *kesske vu zã pãssê*

PREFERÊNCIAS

Eu gosto/adoro...	J'aime/j'adore... *jém/jadór*
Eu não gosto...	Je n'aime pas... *je néme pa*
Eu detesto...	Je déteste... *je detest*
Eu gosto muito/bastante...	J'aime bien/j'aime beaucoup... *jém biã/jém bocu*
Você não gosta disso?	Vous n'aimez pas ça? *vu nemê pá sa*
Eu gostaria...	J'aimerais... *jémerré*
Eu gostaria daquele/ deste.	Je voudrais celui-là/celui-ci. *je vudrré seluí la/seluí si*
Meu preferido é...	Mon préféré, c'est... *mõ prrêfêrrê cé*
Eu prefiro...	Je préfère... *je prrefér*
Acho ótimo.	C'est délicieux. *sé deliciê*
O que gostaria de fazer?	Qu'est-ce que vous voulez faire? *kesske vu vulê fér*
Tanto faz.	Ça m'est égal. *sa mé tegal*

Talvez você ouça...

- Vous faites quoi dans la vie? *vu fét koá dã la vi*
  O que você faz?
- Vous êtes en vacances? *vu zét ã vacãss*
  Você está de férias?
- Vous aimez...? *vu zemê*
  Você gosta...?

DIAS DA SEMANA

Que dia é hoje?	Quel jour sommes-nous aujourd'hui? *kel jur sómm nu ojurduí*
domingo	dimanche *dimãch*
segunda-feira	lundi *lãdi*
terça-feira	mardi *mardi*
quarta-feira	mercredi *mercredi*
quinta-feira	jeudi *jedi*
sexta-feira	vendredi *vãdrredi*
sábado	samedi *sâmedi*
hoje	aujourd'hui *ojurduí*
amanhã	demain *demã*
ontem	hier *íer*
dentro de... dias	dans... jours *dã... jur*

AS ESTAÇÕES DO ANO

le printemps
le prãtã
primavera

l'été
lêtê
verão

MESES

janeiro	janvier *jãnviê*
fevereiro	février *fevrriê*
março	mars *mars*
abril	avril *avrrill*
maio	mai *mé*
junho	juin *juã*
julho	juillet *juiê*
agosto	août *ut*
setembro	septembre *septãbrre*
outubro	octobre *octobrre*
novembro	novembre *nôvãbrre*
dezembro	décembre *dêçãbrre*

l'automne
lotón
outono

l'hiver
livér
inverno

PERGUNTAR AS HORAS

Que horas são?	Quelle heure est-il? *kéllerr é till*
São nove horas.	Il est neuf heures. *ilé neverr*
… da manhã.	… du matin. *di matã*
… da tarde.	… de l'après-midi. *de laprré midi*
… da noite.	… du soir. *di soar*

une heure
ine err
uma hora

une heure dix
ine err dis
uma e dez

une heure et quart
ine err êcar
uma e quinze

une heure vingt
ine err vã
uma e vinte

une heure et demie
ine err e demi
uma e meia

deux heures moins le quart
dêzerr moã le car
quinze para as duas

deux heures moins dix
dêzerr moã dis
dez para as duas

deux heures
dêzerr
duas horas

É meio-dia/meia-noite.	Il est midi/minuit. *ilé midi/minuí*
segundo	la seconde *la segond*
minuto	la minute *la minite*
hora	l'heure *lerr*
um quarto de hora/ quinze minutos	un quart d'heure *ã car derr*
meia hora	une demi-heure *ine demierr*
três quartos de hora/ quarenta e cinco minutos	trois quarts d'heure *trroá car derr*
tarde	tard *tarr*
cedo	tôt *tô*
logo	bientôt *biãtô*
A que horas começa?	À quelle heure ça commence? *a kell err sa comãce*
A que horas termina?	À quelle heure ça finit? *a kéll err sa finí*

Talvez você ouça...

- À plus tard.
  a plu tar
  Até mais tarde.
- Vous êtes en avance.
  vu zét ã navãss
  Você está adiantado/a.
- Vous êtes en retard.
  vu zét ã retar
  Você está atrasado/a.

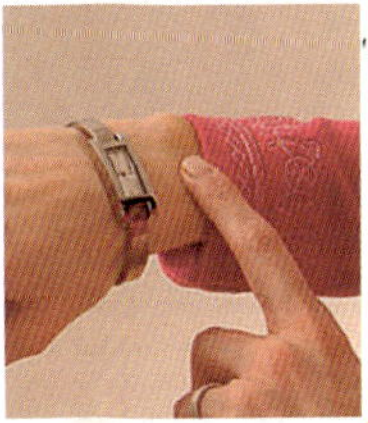

O TEMPO

Como está o tempo?	Quel temps fait-il? *kéll tã fétil*
Está...	Il fait... *il fé*
... bom.	... beau. *bô*
... ruim.	... mauvais. *movέ*
... ameno.	... bon. *bõ*
... quente.	... chaud. *xô*
... frio.	... froid. *frroá*
... úmido.	... humide. *imíd*

Il y a du soleil.
iliá di solei
Está ensolarado.

Il pleut.
ill ple
Está chovendo.

Il y a des nuages.
iliá dé niaj
Está nublado.

C'est la tempête.
cé la tãpét
Está tempestuoso.

Qual é a previsão?	Quelles sont les prévisions météo? *kéll sõ lé prrevisiõ meteô*
Qual é a temperatura?	Quelle température fait-il? *kéll tãperratir fétil*
Está... graus.	Il fait... degrés. *il fé... degrê*
Está um dia lindo.	C'est une belle journée. *cé tine bell jurnê*
O tempo está mudando.	Le temps change. *le tã change*
Será que vai esfriar/ esquentar?	Ill va faire plus froid/chaud? *il va fér pli frroá/xô*
Está esfriando.	Le temps se rafraîchit. *le tã se rafrrechi*
Vai gear?	Il va geler? *il va jelê*

Il neige.
ill néj
Está nevando.

Il gèle.
ill jél
Está gelado.

Il y a du brouillard.
iliá di brruiarr
Está enevoado.

Il y a du vent.
iliá di vã
Está ventoso.

COMO CIRCULAR

A França conta com um excelente sistema de rodovias e vias expressas, ótimo para quem viaja de carro pelo país. Os trens franceses são rápidos e pontuais e ligam os principais centros urbanos, enquanto ônibus conectam as demais cidades e vilas do interior. Você também pode circular de táxi, bonde, avião ou, em algumas cidades, de metrô (ferrovia subterrânea).

PEDIR ORIENTAÇÃO

Com licença, por favor.	Excusez-moi, s'il vous plaît. *ecskizê-moá sill vu plé*
Onde fica...	Où se trouve... *u se trruv*
... o centro da cidade?	... le centre-ville? *le çãtre vill*
... a estação ferroviária?	... la gare? *la gar*
... um caixa eletrônico?	... un distributeur? *ã distrribiterr*
Como eu chego a...?	Pour aller à...? *pur allê a*
Estou indo para...	Je vais... *je vé*
Estou procurando...	Je cherche... *je chérrch*
Estou perdido/a.	Je suis perdu/perdue. *je suí perdi*
Fica perto?	C'est près d'ici? *sé prré dissi*
Há algum... por perto?	Y a-t-il un... près d'ici? *íatil ã... prré dissi*
Fica longe?	C'est loin? *sé loã*
Qual a distância até...	À quelle distance se trouve... *a kéll distãss se trruv*
... a prefeitura?	... la mairie? *la merrí*
... o mercado?	... le marché? *le marchê*
Dá para andar até lá?	On peut y aller à pied? *on pe tíallê a piê*
É preciso ir de carro?	Il faut prendre la voiture? *ill fô prrãdrr la voatir*

ALUGAR UM CARRO

Onde é o escritório da locadora de veículos?	Où se trouve l'agence de location de voitures? *u se trruv lajãss de lôcaciõ de voatirr*
Eu quero alugar...	Je voudrais louer... *je vudrré luê*
... um carro.	... une voiture. *ine voatirr*
... uma motocicleta.	... une moto. *íne motô*

la berline
la berlin
sedã

le coupé
le cupê
hatch

la moto
la motô
motocicleta

le scooter
le scuterr
lambreta

le VTT
le vêtêtê
mountain bike

le vélo de ville
le velô de vill
bicicleta

... uma bicicleta.	... un vélo. *ã velô*
por... dias.	pour... jours. *pur... jur*

... para o fim de semana.	pour le week-end. *pur le uikend*
Eu gostaria de...	Je voudrais... *je vudrré*
... um (carro com câmbio) automático.	... une automatique. *ine otomatic*
... um (carro com câmbio) manual.	... une manuelle. *ine manuéll*
Ele tem ar-condicionado?	Il y a la climatisation? *iliá la climatizasiõ*
Preciso devolver com o tanque cheio?	Je dois la rendre avec le plein d'essence? *je doá la rãdrre avéc le plan dessãss*
Aqui está minha carteira de motorista.	Voici mon permis. *voassi mõ permi*
Posso alugar...?	Je peux louer un...? *je pe luê ã*
Você tem...?	Vous avez...? *vu zuvê*

le siège enfant
le ciége ãfã
cadeirinha infantil

le casque de vélo
le cask de velô
capacete de ciclismo

l'antivol
lãtivol
cadeado

la pompe
la põp
bomba de encher pneus

DIRIGIR

É esta a estrada para...?	Cette route mène-t-elle à...? *céte rute mén téll a*
Onde fica...	Où se trouve... *u se trruv*
... a oficina mais próxima?	... le garage le plus proche? *le garraj le plu prôche*
Eu gostaria de...	Je voudrais... *je vudrré*
... gasolina.	... de l'essence. *de lessãss*
... 40 litros de (gasolina) sem chumbo.	... 40 litres de sans-plomb. *carrant litre de sã plõ*
... 30 litros de diesel.	... 30 litres de diésel. *trãte litre de diêzell*
Encha (o tanque), por favor.	Le plein, s'il vous plaît. *le plã, sill vu plé*
Onde eu pago?	Je paye où? *je pei u*
O número da bomba é...	Le numéro de la pompe est le... *le nimêrrô de la põp é le*
Posso pagar com cartão de crédito?	Je peux payer par carte bancaire? *je pe péiê par carrt bãkér*

la station-service
la staciõ serrviss
posto de gasolina

Poderia verificar...	Vous pouvez vérifier... *vu puvê verrifiê*
... o óleo?	... le niveau d'huile? *le nivô duíll*
... a pressão dos pneus?	... la pression des pneus? *la pressiõ dê pne*

ESTACIONAR

Há um estacionamento por perto?	Y a-t-il un parking près d'ici? *iatil ã parkin pré dissi*
Posso estacionar aqui?	Je peux me garer ici? *je pe me garrê issi*
É gratuito?	C'est gratuit? *cé gratuí*
Quanto custa?	Ça coûte combien? *sa cut combiã*
Quanto custa...	C'est combien... *cé combiã*
... por hora?	... par heure? *par err*
... por dia?	... par jour? *par jur*
... por noite?	.... pour une nuit? *pur ine nuí*

la galerie
la galerri
bagageiro

le siège enfant
le siége ãfã
assento infantil

O CARRO

DENTRO DO CARRO

le pare-brise
le parbrrise
para-brisa
le capot
le capô
capô
le phare
le far
farol
MEGANE
le pneu
le pne
pneu
le moteur
le motér
motor
le pare-choc
le parrchoc
para-choque

OS COMANDOS

le compteur de vitesse
le comptér de vitéss
velocímetro
le volant
le volã
volante, direção
le tableau de bord
le tablô de borr
painel
l'airbag
lérbag
air bag
les feux de détres
lê fe de detrrés
pisca-alerta
la radio
la radiô
aparelho de som
le chauffage
le xôfaj
aquecedor
le klaxon
le clacsón
buzina
le levier de vitesses
le leviê de vitéss
marcha

SINALIZAÇÃO DE TRÂNSITO

sens unique
sãs inike
mão única

rond-point
rõ poã
rotatória

cédez le passage
sedê le pasaj
dê a preferência

route prioritaire
rute prriorritérr
via preferencial

sens interdit
sãs ãterrdi
passagem proibida

défense de stationner
defãss de stacionê
proibido estacionar

limitation de vitesse
limitaciõ de vitéss
velocidade máxima permitida

défense de s'arrêter
defãs de sarrêtê
proibido parar e estacionar

danger
dãgê
pista escorregadia

NA RUA

l'horodateur
lôrrôdatérr
parquímetro

les feux
lé fe
semáforo

l'agent de la circulation
lajã de la sirrkilaciõ
guarda de trânsito

la carte
la carrt
mapa

le passage piéton
le passaj pietõ
faixa de pedestres

le téléphone d'urgence
le telefón durrjãss
telefone de emergência

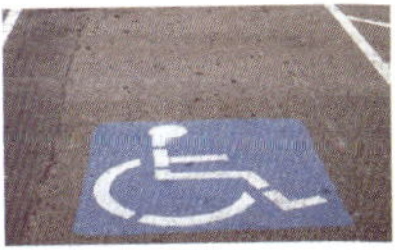

la place de parking réservée aux handicapés
la plas de parkin rezerrvê ozãdikapê
estacionamento para deficientes

l'autoroute
lotorrut
autoestrada

la voie d'accès
la voá daksé
via de acesso

NA ESTAÇÃO

Onde eu posso comprar um bilhete?
Où peut-on acheter des billets?
u pe tõ achetê dé biiê

Há uma bilheteria automática?
Y a-t-il un guichet automatique?
iatil ã guichê otomatik

le guichet automatique
le guichê otomatik
bilheteria automática

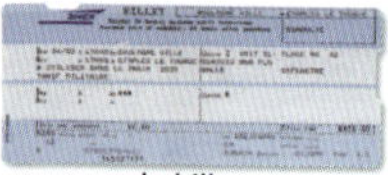

le billet
le biiê
bilhete, passagem

Quanto custa um bilhete para...?
Combien coûte un billet pour...?
combiã cut ã biiê pur

Dois bilhetes para...
Deux billets pour...
de biiê pur

Eu queria...
Je voudrais...
je vudrré

... um bilhete só de ida para...
... un aller simple pour...
ã allê sãple pur

... um bilhete de ida e volta para...
... un aller-retour pour...
ã allê retur pur

... um bilhete de primeira classe.
... un billet première classe.
ã biiê premiérr classe

... um bilhete de classe econômica.
... un billet deuxième classe.
ã biiê deziém classe

Eu gostaria de...
Je voudrais...
je vudrré

... reservar um lugar...
... réserver une place...
rezervê ine plas

Português	Français	Pronúncia
... no TGV para...	... dans le TGV pour...	*dã le têjêvê pur*
... reservar um leito.	... réserver une couchette.	*rezerrvê ine kuxét*
Tem desconto...?	Il y a une réduction...?	*iliá ine redictiõ*
... para crianças?	... pour les enfants?	*pur lézãfã*
... para estudantes?	... pour les étudiants?	*pur lêzêtidiã*
... para idosos?	... pour les personnes âgées?	*pur lé person zagê*
Há um vagão-restaurante?	Y a-t-il un wagon-restaurant?	*iatil ã vagõ restorrã*
É um trem rápido/lento?	C'est un train rapide/lent?	*sé ã trã rapide/lã*
É um trem de alta velocidade?	C'est un train à grande vitesse?	*sé ã trã a grande vitéss*
Preciso validar o bilhete antes de embarcar?	Il faut composter avant de prendre le train?	*il fô compostê avã de prrãdrr le trã*

Talvez você ouça...

- **Le train partira de la voie...**
  le trã partirá de la voá
  O trem parte da plataforma...
- **Il faut changer de train.**
  il fô xãjê de trã
  É preciso fazer baldeação.

VIAJAR DE TREM

Você tem (uma tabela de) horário?	Vous avez les horaires? *vu zavê lézorérr*
A que horas é…	À quelle heure est… *a kell err é*
… o próximo trem para…?	… le prochain train pour…? *le prrochã trã pur*
… o último trem para…?	… le dernier train pour…? *le derrniê trã pur*
De qual plataforma ele sai?	De quelle voie part-il? *de kel voá partill*
A que horas ele chega a…?	À quelle heure arrive-t-il à…? *akéll err arrivetill a*
Quanto tempo leva?	Combien de temps dure le voyage? *combiã de tã dirr le voaiage*
É este o trem para…?	C'est le train pour…? *sé le trã pur*
É esta a plataforma certa para…?	C'est le bon quai pour…? *sé le bõ ké pur*
Onde é a plataforma três?	Le quai numéro trois, s'il vous plaît? *le ke nimêrrô troá, sill vu plé*
Este trem para em…?	Ce train s'arrête à…? *se trã sarrét a*

Talvez você ouça…

- **Il faut composter son billet.**
  il fô compostê sõ biiê
  Você precisa validar seu bilhete.
- **Utilisez la borne orange.**
  itilizê la born orrãj
  Use a máquina laranja.

Onde faço baldeação para...?	Je dois changer où pour...? *je doá changê u pur*
Este lugar está livre?	Cette place est libre? *cét place é librr*
Eu reservei este lugar.	J'ai une réservation pour cette place. *jé ine rezerrvaciõ pur cét place*
Desço aqui?	Je descends ici? *je dessã issi*
Onde é a estação do metrô?	Où se trouve la station de métro? *u se trruv la staciõ de metrrô*
Qual linha vai para...?	Quelle est la ligne pour...? *kéll é la linhe pur*
Quantas paradas são?	C'est dans combien d'arrêts? *sé dã combiã darré*

le hall de gare
le ôll de garr
saguão

le train
le trrã
trem

le wagon-restaurant
le vagõ restorrã
vagão-restaurante

la couchette
la kuxét
leito

ÔNIBUS

Quando sai o próximo ônibus para...?	À quelle heure est le prochain bus pour...? *a kéll err é le prrochã bis pur*
Quanto custa o bilhete para...?	Combien coûte le ticket pour...? *combiã kut le tikê pur*
Onde é o ponto de ônibus?	Où se trouve l'arrêt de bus? *u se trruv larré de bis*
É este o ônibus para...?	C'est le bus pour...? *sé le bis pur*
O (número) 4 para aqui?	Le quatre s'arrête ici? *le catrre sarrét issi*
Onde posso comprar bilhetes?	Où peut-on acheter des tickets? *u pe tõ achetê de tikê*
Posso pagar no ônibus?	Je peux payer dans le bus? *je pe péiê dã le bis*
Quais ônibus vão para o centro da cidade?	Quels bus vont au centre ville? *kéll bis võ ô sãtrr vill*
Pode me dizer quando devo descer?	Vous m'indiquerez quand descendre? *vu mãdikerê kã dessãdrr*
Eu quero descer!	Je veux descendre! *je ve dessãdrr*

le bus
le bis
ônibus

la gare routière
la garr rutiér
estação rodoviária

TÁXI

Onde posso pegar um táxi?	Où peut-on trouver un taxi? *u pe tõ trruvê ã tacci*
Posso pedir um táxi?	Je peux commander un taxi? *je pe comandê ã tacci*
Eu gostaria de um táxi para...	Je voudrais un taxi pour aller à... *je vudrré ã tacci pur allê a*
Pode me levar até...	Pouvez-vous m'emmener à... *puvê vu mãmenê a*
É longe?	C'est loin? *sé loã*
Quanto vai custar?	Quel sera le prix de la course? *kéll serrá le pri de la curs*
Pode me deixar aqui?	Vous pouvez me laisser là? *vu puvê me lessê la*
Quanto eu devo?	Je vous dois combien? *je vu doá combiã*
Fique com o troco.	Gardez la monnaie. *gardê la moné*
Pode me dar um recibo?	Je peux avoir un reçu? *je pe avoar ã reçu*
Espere por mim.	Attendez-moi. *atãdê moá*

le taxi
le tacci
táxi

la borne de taxis
la born de tacci
fila de táxis

BARCO

Há algum barco partindo?	Y a-t-il des balades en bateau? *iatil dé balade ã batô*
De onde o barco sai?	D'où part le bateau? *du parr le batô*
Quando sai...	À quelle heure part... *a kéll err par*
... o próximo barco para...?	... le prochain bateau pour...? *le prrochã batô pur*
... o primeiro barco?	... le premier bateau? *le premiê batô*
... o último barco?	... le dernier bateau? *le derniê batô*
Eu gostaria de dois bilhetes para...	Je voudrais deux billets pour... *je vudrré de biiê pur*
... o cruzeiro marítimo.	... la croisière. *la crroáziérr*

le ferry
le férri
balsa, ferryboat

l'hydroglisseur
lidroglissérr
hidrofólio

le yacht
le iat
iate

l'aéroglisseur
laérroglissérr
aerobarco

... o passeio pelo rio.	... la balade en rivière. *la balade ã riviérr*
Quanto custa para/por...	C'est combien pour... *sé combiã pur*
... um carro?	... une voiture? *ine voatirr*
... uma família?	... une famille? *ine famie*
... uma cabine?	... une cabine? *ine cabine*
Posso comprar o bilhete a bordo?	On peut acheter les billets une fois sur le bateau? *ã pe achetê le biiê ine foá sir le batô*
Há acesso para cadeira de rodas?	Il y a un accès handicapés? *iliá ã acsé ãdicapê*

le gilet de sauvetage
le jilê de sovtaj
colete salva-vidas

la bouée de sauvetage
la buê de sovtaj
boia

le catamaran
le catamarrã
catamarã

le bateau de plaisance
le batô de plezãss
lancha

VIAJAR DE AVIÃO

Para qual terminal devo ir?	Je vais à quel terminal? *je vé a kéll terminal*
Onde posso fazer o check-in?	Où se trouve l'enregistrement? *u se trruv lãrrejistrremã*
Onde é/são...	Où se trouve/trouvent... *u se trruv*
... o saguão de desembarque?	... les arrivées? *lé zarrivé*
... o saguão de embarque?	... les départs? *lé depar*
... o portão de embarque?	... l'embarquement? *lãbarrkmã*
Estou viajando...	Je voyage... *je voaiage*
... de classe econômica.	... en classe économique. *ã class economic*
... de classe executiva.	... en classe affaires. *ã class afér*
Aqui está/ão meu/minha meus/minhas...	Voici mon/ma/mes... *voassi mõ/ma/mé*

le sac fourre-tout
le sac fur tu
sacola

le repas servi à bord
le repá servi a bor
refeição de bordo

le passeport
le passepór
passaporte

la carte d'embarquement
la carrt dãbarrkemã
cartão de embarque

Estou despachando uma mala.	J'ai une valise à enregistrer. *jé ine valliz a ãrrejistrrê*
Eu mesmo/a fiz as malas.	J'ai fait mes bagages moi-même. *jé fé mé bagage moá méme*
Eu tenho uma única bagagem de mão.	J'ai un bagage à main. *jé ã bagage a mã*
Qual é o limite de peso permitido?	Quel est le poids maximum autorisé? *kéll é le poá macsimum otôrrizê*
Quanto custa o excesso de bagagem?	Combien coûte le surplus de bagage? *cõmbiã cute le sirpli de bagage*
Será servida uma refeição?	Un repas est servi dans l'avion? *ã repá é servi dã laviõ*
Eu gostaria de...	Je voudrais... *je vudré*
... um assento na janela.	... une place fenêtre. *ine place fenétrr*
... um assento no corredor.	... une place couloir. *ine place culoárr*

Talvez você ouça...

- Votre passeport/billet s'il vous plaît.
  votrr passepórr/biiê sill vu plé
  Seu passaporte/bilhete, por favor.
- C'est votre sac?
  sé votrr sac
  Esta mala é sua?

NO AEROPORTO

Aqui está...	Voici... *voassi*
... meu cartão de embarque.	... ma carte d'embarquement. *ma carrt dãbarrkemã*
... meu passaporte.	... mon passeport. *mõ passepórr*
Posso trocar algum dinheiro?	Je peux faire du change? *je pe fér di chãnj*

le chèque de voyage
le chéke de vôgiaj
cheque de viagem

le contrôle des passeports
le contrroll de passepórr
controle de passaporte

Qual é a taxa de câmbio?	Quel est le taux de change? *kell é le tô de chãnj*
O voo para... está no horário?	Le vol pour... est à l'heure? *le vóll pur... é ta lerr*
O voo está atrasado?	Le vol est en retard? *le vóll é tã retarr*
Quanto tempo está atrasado?	Le vol est en retard de combien de temps? *le vóll é tã retarr de combiã de tã*
O voo número... sai de qual portão?	Le vol numéro... part de quelle porte d'embarquement? *le vóll nimêrrô...par de kéll porrte dãbarrkemã*
A que horas embarco?	À quelle heure est l'embarquement? *a kélérr é lãbarrkemã*

Onde estão os carrinhos de bagagem?	Où sont les chariots? *u sõ lé xarriô*
Aqui está minha etiqueta (de bagagem).	Voici le ticket. *voassi le tikê*
Não consigo encontrar minha bagagem.	Je ne trouve pas mes bagages. *je ne trruv pa mé bagage*

le magasin hors taxe
le magasã orr taks
duty-free

le pilote
le pillót
piloto

l'hôtesse de l'air
lotéss de lér
comissária de bordo

l'avion
laviõ
avião

l'enregistrement
lãrregistrremã
balcão de check-in

le retrait des bagages
le retrré dé bagage
retirada de bagagem

COMER FORA

Não é difícil comer bem e barato na França. Você pode ir a cafeterias e bares, para uma bebida e lanches, *bistros* (pequenos bares em geral familiares, que oferecem comidas típicas e pratos tradicionais) ou *brasseries*, normalmente maiores e mais barulhentas. Se quiser fazer uma refeição gastronômica em um local mais formal, poderá escolher um restaurante, mais caro, mas terá de reservar antes.

FAZER UMA RESERVA

Eu queria reservar uma mesa…	Je voudrais réserver une table… *je vudrré rêservê ine table*
… para o almoço/jantar.	… pour déjeuner/dîner. *pur dejenê/diné*
… para quatro pessoas.	… pour quatre personnes. *pur catrre persón*
… para esta noite, às sete horas.	… pour ce soir à sept heures. *pur se soar a seterr*
… para amanhã, à uma.	… pour demain à une heure. *pur demã a ine err*
… para o almoço, hoje.	… pour déjeuner, aujourd'hui. *pur dejenê ojurrduí*
Você tem uma mesa para mais cedo/tarde?	Vous avez une table un peu plus tôt/tard? *vu zavê ine table ã pe plu tô/tarrr*
Meu nome é…	Je m'appelle… *je mapéll*
Meu telefone é …	Mon numéro de téléphone est le… *mõ nimêrrô de telefón é le*
Eu tenho uma reserva.	J'ai réservé. *jé rêservê*
… em nome de…	… au nom de… *o nõ de*
Nós não fizemos reserva.	Nous n'avons pas réservé. *nu navõ pa rezervé*
Podemos nos sentar aqui?	On peut s'asseoir ici? *õ pe sassoar issi*
Podemos nos sentar lá fora?	On peut s'asseoir dehors? *õ pe sassoar deórr*
Estou esperando uma pessoa.	J'attends quelqu'un. *jatã kéllcã*

PEDIR A REFEIÇÃO

Podemos ver o cardápio?	La carte, s'il vous plaît? *la carrt sill vu plé*
... a carta de vinhos?	La carte des vins, s'il vous plaît? *la carrt dé vã sill vu plé*
Você tem...	Vous avez... *vu zavê*
... um cardápio fixo? (pratos fixos)	... un menu? *ã meni*
... um cardápio a preço fixo?	... un menu du jour? *ã meni di jur*
... um cardápio para crianças?	... un menu pour enfants? *ã meni purrafã*
... um cardápio à la carte?	... une carte? *ine carrt*
Qual é o prato do dia?	Il y a des plats du jour? *iliá dé pla di jur*
O que você recomenda?	Qu'est-ce-que vous recommandez? *késske vu rekomãdê*
O que é isto?	Qu'est-ce que c'est? *késske sé*

Talvez você ouça...

- Vous avez réservé?
  vu zavê reservê
  Você fez reserva?
- À quel nom?
  a kéll non
  Em nome de quem?
- Asseyez-vous.
  assêiê vu
  Sente-se.
- Vous avez choisi?
  vu zavê xoazi
  Gostaria de pedir agora?

Há pratos vegetarianos?	Vous avez des plats végétariens? *vu zavê dé pla vegetarriã*
Eu sou alérgico/a…	Je suis allergique… *je suí alérrgic*
… a laticínios.	… aux produits laitiers. *ô produí letiê*
… a frutos secos.	… aux noix. *ô noá*
… a trigo.	… au blé. *ô blê*
Para começar, eu quero…	En entrée, je vais prendre… *ã ãtrrê je vé prrãdrr*
Pode nos trazer…	On peut avoir… *õ pe avoar*
… água?	… de l'eau? *de lô*
… pão?	… du pain? *di pã*
… o cardápio de sobremesas?	… la carte des desserts? *la carrt dé dessérr*

Ler o cardápio

• **Entrées** *ãtrê*	Entradas
• **Hors-d'œuvre** *órr dovrr*	Primeiros pratos
• **Plats principaux** *pla prrãssipô*	Pratos principais
• **Légumes** *leguime*	Legumes e verduras
• **Fromages** *frromaj*	Queijos
• **Desserts** *dessér*	Sobremesas

RECLAMAÇÕES

Eu não pedi isso.	Je n'ai pas commandé ça. *je né pa comãndê sa*
Você esqueceu minha sobremesa.	Vous avez oublié mon dessert. *vu zavê ubliê mon dessér*
Não podemos esperar mais.	Je ne peux plus attendre. *je ne pe pli zatãdrr*

PAGAR

Estava delicioso.	C'était délicieux. *seté delissiê*
A conta, por favor.	L'addition, s'il vous plaît. *ladiciõ sill vu plé*
Pode me dar...	Je peux avoir... *je pe zavoarr*
... um recibo?	... un reçu? *ã reçu*
... uma conta discriminada?	... le détail de l'addition? *le detai de ladiciõ*
O serviço está incluído?	Le service est compris? *le serviss é comprrí*
Há um erro aqui.	Il y a une erreur ici. *iliá ine errerr issi*

Talvez você ouça...

- **Nous n'acceptons pas les cartes de crédit.**
  nu nacceptõ pa lé carrt de crrêdí
  Não aceitamos cartão de crédito.
- **Tapez votre code secret.**
  tapê votrr code secrré
  Digite sua senha.

LOUÇA E TALHERES

la petite assiette
la petite assiét
prato de sobremesa

le bol
le bóll
tigela

le sel
le séll
sal

le poivre
le poavrr
pimenta

la tasse et la soucoupe
la tass e la sucup
xícara e pires

la cuiller à café
la cuiiérr a cafê
colher de chá

le verre
le vérr
copo

la cuiller à dessert
la cuiiérr a dessér
colher de sobremesa

le couteau
le cutô
faca

la serviette
la serviét
guardanapo

la fourchette
la furxét
garfo

l'assiette
lassiét
prato raso

NA CAFETERIA OU NO BAR

O cardápio, por favor.	Le menu, s'il vous plaît. *le meni sill vu plé*
Você tem...?	Vous avez...? *vu zavê*
Quais sucos de frutas você tem?	Quels jus de fruits avez-vous? *kéll ju de frruí avêvu*
Eu gostaria...	Je voudrais... *je vudrré*
Eu quero...	Je vais prendre... *je vé prrãdrr*

un café au lait
ã cafê o lé
café com leite

un café noir
ã cafê noar
café puro/preto

un expresso
ã ecsprresso
expresso

un cappuccino
ã kapuxino
cappuccino

Talvez você ouça...

- **Vous désirez?**
  vu dêsirê
  O que você deseja?
- **Autre chose?**
  ôtrre xôz
  Algo mais?
- **Ça sera tout?**
  sa serrá tu
  Isso é tudo?

un thé au lait/thé nature
ã tê o lé/tê natirr
chá com leite/chá preto

un thé au citron
ã tê o sitrõ
chá com limão

un thé à la menthe
ã tê a la mãt
chá de menta

un thé vert
ã tê vérr
chá verde

une camomille
ine comomie
chá de camomila

un chocolat chaud
ã xocolá xô
chocolate quente

Uma garrafa de...	Une bouteille de... *ine butéie de*
Um copo de...	Un verre de... *ã vérr de*
Uma xícara de...	Une tasse de... *ine tass de*
Com limão/leite.	Avec du citron/du lait. *avéc di sitrõ/di lé*
Outro/a..., por favor.	Un/une autre..., s'il vous plaît. *ã/ine ôtrre sill vu plé*
Mais um/uma, por favor.	La même chose, s'il vous plaît. *la mém xôz sill vu plé*

BEBIDAS

un café frappé
ã cafê frrapê
café gelado

un jus d'orange
ã ji dorrãj
suco de laranja

un jus de pomme
ã ji de póm
suco de maçã

un jus d'ananas
ã ji dananás
suco de abacaxi

un jus de tomate
ã ji de tomat
suco de tomate

un jus de raisin
ã ji de rezã
suco de uva

une limonade
ine limonad
limonada

une orangeade
ine orrãjad
refrigerante de laranja

un coca
ã cocá
Coca-cola

un gin tonic
ã djin tonic
gim-tônica

une bouteille d'eau minérale
ine butéi dô minerral
garrafa de água mineral

une eau pétillante
ine ô petiãt
soda

une bière
ine biér
cerveja

un cidre
ã sidrre
sidra

un verre de vin rouge
ã vér de vã ruge
taça de vinho tinto

du vin blanc
di vã blã
vinho branco

Talvez você ouça...

- **Un demi?**
  ã demi
  Um chope?
- **En bouteille?**
  ã butéie
  De garrafa?
- **Plate ou pétillante?**
  plat u petiãt
  Sem gás ou gasosa?
- **Avec des glaçons?**
  avek dé glassõ
  Com gelo?

LANCHES

un sandwich
ã sanduích
sanduíche

un croque-monsieur
ã crroc mêssiê
sanduíche de queijo grelhado

des olives
dé zoliv
azeitonas

des cacahouètes
dé cacauét
frutos secos

de la vinaigrette
de la vinêgrét
molho de salada

une salade
ine salad
salada

des galettes
dé galét
biscoitos

des viennoiseries
dé viênoasserri
pães doces

une glace
ine glas
sorvete

de la brioche
de la brrióx
brioche

FAST-FOOD

Eu queria...	Je voudrais... *je vudrré*
... para comer aqui/ para viagem.	... sur place/à emporter. *sir plas/a ãporrtê*
... ketchup/mostarda.	... du ketchup/de la moutarde. *di ketchup/de la mutárd*

un hamburger
ã ãburguér
hambúrguer

un hamburger au poulet
ã ãburguér o pulê
hambúrguer de frango

un roulé
ã rulê
enrolado

un hot dog
ã ót dog
cachorro-quente

des brochettes
dé brroxét
kebab

des frites
dé frit
batatas fritas

du poulet frit
di pulê fri
frango frito

une pizza
ine pizza
pizza

CAFÉ DA MANHÃ

Pode me trazer...	Je peux avoir... *je pe avoár*
... leite/açúcar?	... du lait/du sucre? *di lé/di sicrre*
... adoçante artificial?	... de l'édulcorant? *de ledillcorã*
... manteiga?	... du beurre? *di berr*

un café
ã cafê
café

un thé
ã tê
chá

un chocolat chaud
ã xocolá xô
chocolate quente

un jus d'orange
ã ji dorrãj
suco de laranja

un jus de pomme
ã jí de póm
suco de maçã

du pain
di pã
pão

un petit pain
ã petí pã
pãozinho

de la brioche
de la brrióx
brioche

un croissant
ã crroassã
croissant

un pain au chocolat
ã pã o xocolá
pão com chocolate

de la marmelade
de la marmelád
geleia

du miel
di miéll
mel

des œufs brouillés
dêsê brruiê
ovos mexidos

un œuf à la coque
ã nef a la cóc
ovo cozido

un œuf poché
ã nef poché
ovo pochê

du pain perdu
di pã perdí
torrada

des fruits frais
dé frruí frré
frutas frescas

un yaourt aux fruits
ã iáurrt o frruí
iogurte de fruta

ENTRADAS

une soupe
ine sup
sopa

un consommé
ã cõnssomê
caldo

une soupe de poisson
ine sup de poassõn
sopa de peixe

une quiche
ine kich
quiche

un soufflé
ã suflê
suflê

une omelette
ine omlét
omelete

une piperade
ine piperrád
piperade

des œufs en cocotte
dêsê ã cocót
ovos levemente cozidos

du saumon fumé
di somõn fumê
salmão defumado

du jambon cru
di jãbõn crri
presunto defumado

une assiette de charcuterie
ine assiét de xarrkiterrí
frios

des rillettes
dé riét
caldeirada de carne

des crevettes grillées
de crrevét grriê
camarões grelhados

des coquilles St Jacques
dé cokie sã jác
vieiras

des escargots
dé zescargô
escargots

des moules au vin blanc
de mull o vã blã
mexilhões em vinho branco

des tomates farcies
dé tomat farrsi
tomates recheados

une salade au chèvre chaud
ine salad o chévrre xô
salada com queijo de cabra

une salade aux épinards
ine salad ozepinarr
salada de espinafre

de l'aïoli
de laióli
molho de alho no azeite

PRATOS PRINCIPAIS

Eu quero...	Je voudrais... *je vudrré*
... o cordeiro.	... l'agneau. *lanhô*
... o porco.	... le porc. *le pórr*
... a carne de boi.	... le bœuf. *le bef*
... o bife.	... le steak. *le stéc*
... o presunto.	... le jambon. *le jãbõn*
... a vitela.	... le veau. *le vô*
... o frango.	... le poulet. *le pulê*
... o faisão.	... le faisan. *le fezã*
... o peru.	... la dinde. *la dãd*
... o pato.	... le canard. *le canarr*
... a lagosta.	... le homard. *le omarr*
... o salmão.	... le saumon. *le somõn*

Talvez você veja...

des fruits de mer
dé frruí de mérr
frutos do mar

du poisson
di poassõn
peixe

Talvez você ouça...

- **Quelle cuisson, pour le steak?**
  kéll cuissõn pur le stéc
  Como quer o seu bife?
- **Saignant ou rosé?**
  sénhãn u rosê
  Malpassado ou ao ponto?
- **Bien cuit?**
  biã cuí
  Bem passado?

assado/a.	rôti/rôtie. *rôti*
ao forno.	au four. *o fur*
grelhado/a.	grillé/grillée. *grriê*
frito/a.	frit/frite. *fri/frit*
no vapor	à la vapeur. *a la vapeu*
cozido/a. (em leite etc.)	poché/pochée. *pochê*
ensopado/a.	à l'étuvée. *a lêtivê*
recheado/a.	farci/farcie. *farrssi*

de la volaille
de la vollaíe
(carne de) ave

de la viande
de la viãd
carne de vaca

SALADAS E ACOMPANHAMENTOS

une salade verte
ine salad vérrt
salada verde

une salade mixte
ine salad micste
salada mista

purée de pommes de terre
pirê de póm de térr
purê de batata

des légumes à la vapeur
dé leguíme a la vaperr
legumes cozidos no vapor

du riz
di ri
arroz

des pâtes
dé pat
massas

des frites
dé frrit
batatas fritas

du couscous
di cuscus
cuscuz

de la ratatouille
de la ratatuie
ensopado de legumes

un tian provençal
ã tiã prrovãnssall
suflê de legumes

SOBREMESAS

une mousse au chocolat
ine mus o xocolá
musse de chocolate

une crème caramel
ine crrém carramell
flã

une crème brûlée
ine crrém brrilê
creme com crosta de açúcar

des crêpes
dé crrép
panquecas

un sorbet
ã sorrbê
sorbet

une glace
ine glas
sorvete

un baba au rhum
ã babá o rom
baba de moça ao rum

un gâteau
ã gatô
bolo

une tarte aux fruits
ine tart o fruí
torta de frutas

une tarte tatin
ine tart tatã
torta de maçã

HOSPEDAGEM

A hospedagem é muito diversificada na França, e vai depender de sua preferência e orçamento. Há desde *hôtels* elegantes e castelos (*châteaux*) históricos até pensões menores dirigidas por famílias e *chambres d'hôtes*, que oferecem quarto e café da manhã. Se preferir uma opção com cozinha própria, você pode alugar uma *villa* no litoral, um *gîte* (casa no campo) ou procurar um camping.

FAZER UMA RESERVA

Eu gostaria de...	Je voudrais... *je vudrré*
... fazer uma reserva.	... réserver. *reservê*
... um quarto de casal.	... une chambre pour deux personnes. *ine chambrr pur de persón*
... um quarto com duas camas de solteiro.	... une chambre à lits jumeaux. *ine chambrr a lijimô*
... um quarto de solteiro.	... une chambre individuelle. *ine chambrr ãndividuéll*
... um quarto para família.	... une chambre familiale. *ine chambrr familiall*
... um quarto para deficientes físicos.	... une chambre adaptée pour les handicapés. *ine chambrr adaptê pur lesãndicapê*
... com banheira/chuveiro.	... avec baignoire/douche. *avec benhuar/duche*
... com vista para o mar.	... avec vue sur la mer. *avéc vi sir la mérr*
... por duas noites.	... pour deux nuits. *pur de nuí*
... por uma semana.	... pour une semaine. *pur ine semén*
O café da manhã está incluído?	Le petit-déjeuner est compris? *le peti dejenê é cõprri*
Quanto custa...	C'est combien... *sé combiã*
... por noite?	... par nuit? *par nuí*
... por semana?	... par semaine? *par semén*

CHECK-IN

Eu tenho uma reserva em nome de...	J'ai réservé au nom de... *jé rezervê ô nõ de*
Você tem...?	Vous avez...? *vu zavé*

un porteur
ã porrterr
carregador

les ascenseurs
lé zassãnsserr
elevadores

le service en chambre
le serviss ã chambrr
serviço de quarto

le mini bar
le mini barr
frigobar

Eu queria...	Je voudrais... *je vudrré*
... as chaves do quarto...	... les clés de la chambre... *lé klê de la chambrr*
... ser acordado às...	... être réveillé à... *étrre revéiê a*
A que horas é...	À quelle heure est... *a kéll err é*
... o café da manhã?	... le petit déjeuner? *le peti dejenê*
... o jantar?	... le dîner? *le dinê*

NO SEU QUARTO

Você tem...	Vous avez... *vu zavê*
outro/a...	un/une autre... *ã/ine ôtrr*
mais...	d'autres... *dôtrr*

des oreillers
dé zorêiê
travesseiros

des couvertures
dé kuvertirr
cobertores

une ampoule
ine ampule
lâmpada

un adaptateur
ã adaptaterr
adaptador

Eu perdi minha chave.	J'ai perdu ma clé. *jé perdí ma klê*

Talvez você ouça...

- **Votre chambre est le numéro...**
  votrr chambrr é le nimêrrô
  O número do seu quarto é...
- **Voici votre clé.**
  voaci votrr klê
  Aqui está sua chave.

NO HOTEL

O quarto é...	La chambre est... *la chambrr é*
... muito quente.	... trop chaude. *trrô xôde*
... muito frio.	... trop froide. *trrô froád*
A televisão não funciona.	La télé ne marche pas. *la telê ne marche pa*

le thermostat
le termostá
termostato

le radiateur
le radiaterr
aquecedor

la chambre individuelle
la chambrr ãndividuéll
quarto de solteiro

la chambre double
la chambrr duble
quarto de casal

le numéro de chambre
le nimêrrô de chambrr
número do quarto

la bouilloire
la buiuar
chaleira

A janela não abre.	La fenêtre n'ouvre pas. *la fenétrr nuvre pa*
Eu não consigo uma linha telefônica.	Je n'arrive pas à téléphoner. *je narriv pa a têlêfonê*

le cintre
le sãtrr
cabide

le téléviseur
le têlêviserr
televisão

le store
le stór
persiana

la télécommande
la telecomãnd
controle remoto

DEIXAR O HOTEL

A que horas eu preciso desocupar o quarto?	À quelle heure faut-il quitter la chambre? *a kéll err fôtil kitê la chambrr*
Há um carregador para levar minhas malas?	Y a-t-il un porteur pour mes sacs? *iatil ã porterr pur mé sác*
Pode me dar a conta, por favor?	Je peux avoir la note s'il vous plaît? *je pe avoar la nót sill vu plé*
Posso pagar…	Je peux payer… *je pe peiê*
… com cartão de crédito?	… par carte de crédit? *par carrt de crrêdí*
… em dinheiro?	… en liquide? *ã likid*
Eu gostaria de um recibo.	Je voudrais un reçu. *je vudrré ã reçu*

NO BANHEIRO

la baignoire
la bénhoar
banheira

le bidet
le bidê
bidê

le savon
le savõ
sabonete

les serviettes
lé serviét
toalhas

le peignoir
le penhoar
roupão

le bain moussant
le bã mussõ
espuma de banho

le gel douche
le jel duche
gel de banho

le déodorant
le deôdorã
desodorante

le lait corps
le lé cór
loção corporal

le dentifrice
le dãtifrris
pasta de dente

la brosse à dents
la brrós a dã
escova de dente

le bain de bouche
le bã de buche
antisséptico bucal

le rasoir électrique
le rasoar eléctric
barbeador elétrico

la mousse à raser
la mus a rasé
espuma de barbear

le rasoir
le rasoar
lâmina de barbear

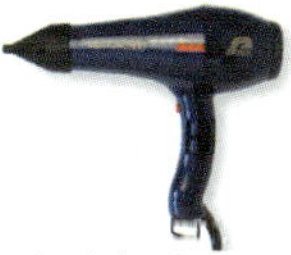

le sèche-cheveux
le séche xevê
secador de cabelo

le shampooing
le xãnpuã
xampu

l'après-shampooing
lapré xãnpuã
condicionador

le coupe-ongles
le cupongl
cortador de unha

les ciseaux à ongles
le sisô a ôngl
tesoura de unha

HOSPEDAGEM COM COZINHA

Pode nos dar...	On peut avoir... *ã pe avoar*
... a chave, por favor?	... la clé, s'il vous plaît? *la clê sill vu plé*
... uma cama extra?	... un lit supplémentaire? *ã li siplemantérr*
... uma cama de criança?	... un lit d'enfant? *ã li dãfã*

la chaise haute
la xéze ôt
cadeirão

le lit d'enfant
le li dãfã
berço

... mais talheres?	... d'autres couverts? *dôtrre kuvérr*
... mais louça?	... plus de vaisselle? *plis de vesséll*
Onde fica...	Où se trouve... *u se trruve*
... o quadro de fusíveis?	... la boîte à fusibles? *la boát a fizible*
... o registro?	... l'arrivée d'eau? *larrivé dô*
... o supermercado?	... le supermarché? *le siperrmarrchê*
... a loja mais próxima?	... le magasin le plus proche? *le magasã le pli prroxe*
Você toma conta de crianças?	Vous gardez les enfants? *vu garrdê le zãfã*
Como funciona o aquecimento?	Comment marche le chauffage? *comã marche le xôfaj*

Há...	Y a-t-il... *iatil*
... ar-condicionado?	... la climatisation? *la klimatisaciõn*
... aquecimento central?	... le chauffage central? *le xôfaj sãntrrall*

le ventilateur
le vantilaterr
ventilador

le convecteur
le convécterr
aquecedor

Quando a faxineira vem?	À quelle heure vient la femme de ménage? *a kéll err vià la fame de menage*
Onde eu coloco o lixo?	Où faut-il mettre ses déchets? *u fôtil metrr sé deché*
Você aceita animais?	Vous acceptez les animaux? *vu zakcepte le zanimô*

le chien
le xiã
cão

NA VILLA

Há um inventário?	Il y a un inventaire? *iliá ã ãvãntérr*
Onde está este item?	Où se trouve cet objet? *u se trruv cét objé*
Eu preciso de...	Il me faut... *ill me fô*
... um adaptador.	... un adaptateur. *ã adaptaterr*
... uma extensão.	... une rallonge. *ine ralõnj*
... uma lanterna.	... une lampe torche. *ine lãmp torche*
... fósforos.	... des allumettes. *dé zalimet*

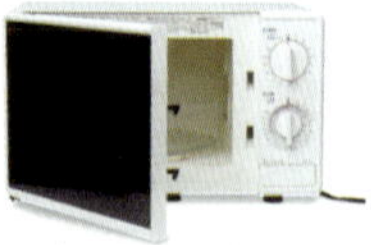

le micro-ondes
le micrro-õnd
micro-ondas

le fer à repasser
le fér a repassê
ferro (de passar roupa)

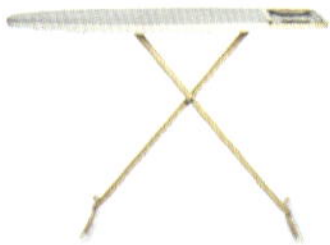

la planche à repasser
la plãnche a repassê
tábua de passar roupa

la serpillère et le seau
la serpiérr ê le sô
esfregão e balde

la pelle et le balai
la pél ê le balé
pá de lixo e escova

le produit de nettoyage
le produí de netuaiáj
detergente, sabão (para roupa)

RESOLVER PROBLEMAS

O chuveiro não está funcionando.	La douche ne marche pas. *la duche ne marche pa*
O vaso sanitário está vazando.	Les toilettes fuient. *lé toalet fuí*
Pode consertar isso hoje?	Vous pouvez faire les réparations aujourd'hui? *vu puvê fér lé reparraciõn ojurrduí*
Não há...	Il n'y a pas... *ill niá pa*
... eletricidade.	... d'électricité. *delectricitê*
... água.	... d'eau. *dô*

la machine à laver
la machin a lavé
máquina de lavar roupa

le réfrigérateur
le refrigerraterr
geladeira com freezer

la poubelle
la pubéll
lixeira

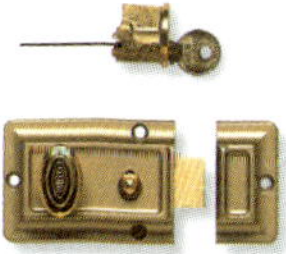

la serrure et les clés
la serrirr e lé klê
fechadura e chave

le détecteur de fumée
le detecterr de fimê
detector de fumaça

l'extincteur
lecsstãncterr
extintor de incêndio

UTENSÍLIOS DE COZINHA

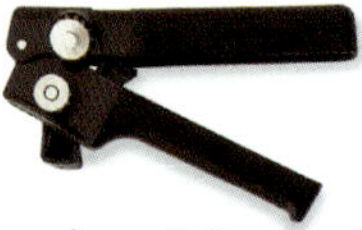

l'ouvre-boîte
luvrr boat
abridor de lata

le décapsuleur
le decapsilerr
abridor de garrafa

le tire-bouchon
le tirr buchõn
saca-rolhas

la planche à découper
la plãnche a decupê
tábua de cortar

le couteau de cuisine
le cutô de cuizín
faca de cozinha

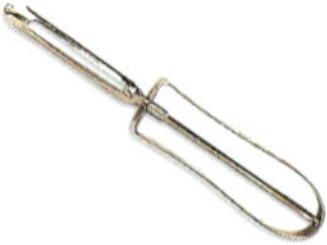

l'économiseur
leconomiserr
descascador

le fouet
le fuê
batedor

la cuiller en bois
la cuiíerr ã buá
colher de pau

la spatule
la spatill
pão-duro

la râpe
la rap
ralador

la passoire
la passoar
escorredor

la poêle
la poall
frigideira

la casserole
la casserroll
panela

le gril
le grrill
grelha

la marmite
la marrmit
caçarola

le bol mélangeur
le bol melãngerr
tigela

Le mixeur
le micsserr
liquidificador

la plaque de cuisson
la plac de cuíssõn
assadeira

les gants de cuisine
le gãn de cuízín
luvas de forno

le tablier
le tabliê
avental

ACAMPAR

Onde fica o mais próximo...	Où se trouve le plus proche... *u se trruv le pli prôche*
... camping?	... terrain de camping? *terrã de cãping*
... camping de trailers?	... terrain pour caravanes? *terrã pur carravan*
Nós podemos acampar aqui?	On peut camper ici? *õ pe cãpé issi*
Há vagas?	Il y a de la place? *iliá de la plás*
Quanto custa...	C'est combien... *sé cõmbiã*
... por noite?	... par nuit? *par nuí*
... por semana?	... par semaine? *par semén*
O preço inclui...	Le prix inclut... *le pri ãklí*
... eletricidade?	... l'électricité? *lelectricitê*
... água quente?	... l'eau chaude? *lô xôde*
Os chuveiros são à parte?	Les douches sont en plus? *lé duche sõn tã plis*
Nós queremos ficar por...	Nous voulons rester... *nu vulõ restê*

Posso alugar...	On peut louer... *õ pe luê*
... uma barraca?	... une tente? *ine tãnt*
... uma bicicleta?	... des vélos? *dé velô*
... uma churrasqueira?	... un barbecue? *ã barbekiu*
Onde ficam...	Où sont... *u sõn*
... os banheiros?	... les toilettes? *lé toalét*
... as lixeiras?	... les poubelles? *lé pubéll*
Há...	Il y a... *iliá*
... chuveiros?	... des douches? *dé duche*
... lavanderia?	... une laverie? *ine lavrrí*
Há...	Il y a... *iliá*
... uma piscina?	... une piscine? *ine pissin*
... uma loja?	un magasin? *ã magasã*

Talvez você ouça...

- **Ne faites pas de feu.**
  ne fét pa de fê
  Não acenda uma fogueira.
- **Ne buvez pas l'eau.**
  ne bivê pa lô
  Não beba a água.

NO CAMPING

le matelas gonflable
le matelá gõnflabl
colchão (de ar)

le sac de couchage
le sac de cuxaj
saco de dormir

la bouilloire de camping
la buiuar de cãmping
chaleira

le réchaud
le rexô
fogareiro

le panier à pique-nique
le paniê a pic nic
cesta de piquenique

la bouteille thermos
la butéi térmoss
garrafa térmica

la glacière
la glassiérr
isopor

le barbecue
le barbekiu
churrasqueira

l'eau en bouteilles
lô ã butéi
água engarrafada

le seau
le sô
balde

la lampe torche
la lãmp torche
lanterna

la pelote de fil
la pelót de fill
rolo de barbante

le maillet
le maiê
marreta

la boussole
la bussoll
bússola

le produit contre les insectes
le produí cõntrre lezãssect
repelente de insetos

la crème solaire
la crrém sollérr
protetor solar

le pansement
le pãnsmã
curativo adesivo

l'imperméable
lãmpermeabl
impermeáveis

les chaussures de marche
lé xôssirr de marche
bota de caminhada

le sac à dos
le sac a dô
mochila

COMPRAS

Além de lojas de departamentos, supermercados e lojas especializadas, a França possui diversos mercados ao ar livre, em praças e avenidas, onde se podem comprar frutas, roupas e até antiguidades relativamente barato. A maioria das lojas funciona entre 9h e 18h30, de terça-feira a sábado. No entanto, muitas lojas pequenas e de alimentos fecham às segundas-feiras e, nas cidades menores, costumam fazer uma pausa de 2h para o almoço.

NA LOJA

Eu estou procurando...	Je cherche... *je chérrch*
Você tem...?	Vous avez...? *vu zavê*
Eu estou só olhando.	Je regarde. *je regarrd*
Eu já estou sendo atendido/a.	On s'occupe de moi. *õ sokip de moá*
Você tem mais deste?	Vous en avez d'autres? *vu zã navê dôtrr*
Quanto custa?	C'est combien? *sé combiã*
Você tem mercadorias mais baratas?	Vous avez des articles moins chers? *vu zavê dé zartikl muã chérr*
Vou levar este/a.	Je prends ça. *je prã sa*
Onde é o caixa?	Où sont les caisses? *u sõ lé késs*
Eu vou pagar...	Je paye... *je peie*
... em dinheiro.	... en liquide. *ã likid*
... com cartão de crédito.	... par carte de crédit. *par carrt de crredi*
Pode me dar um recibo?	Je peux avoir un reçu? *je pe avuar ã ressi*
Eu gostaria de trocar esta mercadoria.	Je voudrais échanger cet article. *je vudrré êchanjë set artikl*

NO BANCO

Eu gostaria de...	Je voudrais... *je vudrré*
... fazer um saque.	... retirer de l'argent. *retirê de larjãn*
... depositar dinheiro.	... déposer de l'argent. *deposê de larjã.*
... trocar dinheiro.	... faire du change. *fér di chãnj*
... para euros.	... en euros. *ã errô*
... para libras esterlinas.	... en livres sterling. *ã livrr sterling*
Aqui está meu passaporte.	Voici mon passeport. *voassi mõn passepórr*
Eu me chamo...	Je m'appelle... *je mapéll*
O número da minha conta é...	Mon numéro de compte est le... *mõn nimêrrô de cont é le*
Meus dados bancários são...	Voici mes coordonnées bancaires... *voassi mé coordonê bãnkérr*

le taux de change
le tô de chãnj
taxa de câmbio

le chèque de voyage
le chék de voaiage
cheque de viagem

le passeport
le passepór
passaporte

l'argent
larjãn
dinheiro

Eu preciso...	Il faut... *ill fô*
... digitar minha senha?	... entrer son code secret? *ãntrê sõn cod sekrrê*
... assinar aqui?	... signer ici? *sinhê issi*
Há um caixa eletrônico?	Il y a un distributeur? *iliá ã distribiterr*
O caixa eletrônico engoliu meu cartão.	Le distributeur a avalé ma carte. *le distribitérr a avalê ma carrt*
Posso descontar um cheque?	Je peux encaisser un chèque? *je pe ãnkessê ã chék*
Meu dinheiro já chegou?	Mon argent est arrivé? *mõnarjãn étarrivê*
Quando o banco abre/fecha?	À quelle heure ouvre/ferme la banque? *a kéll err uvr/férm la bãnc*

le distributeur
le distrribitérr
caixa eletrônico

le banquier
le bãnkiê
gerente de banco

la carte de crédit
la carrt de crredí
cartão de crédito

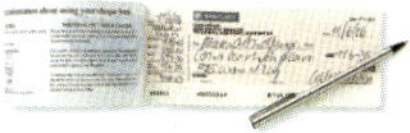

le carnet de chèques
le karnê de chék
talão de cheques

ESTABELECIMENTOS

la boulangerie
la bulãngerí
padaria

le marchand de légumes
le marchãn de leguime
quitanda

la charcuterie
la charrkiterri
delicatéssen

la poissonnerie
la poassonerri
peixaria

le bureau de tabac
le birrô de tabá
tabacaria

la boutique
la butik
butique

le disquaire
le diskérr
loja de discos

le magasin de meubles
le magasãn de meble
loja de móveis

la boucherie
la bucherri
açougue

l'épicerie
lepicerri
mercearia

le supermarché
le siperrmarchê
supermercado

la librairie
la librrerri
livraria

le magasin de chaussures
le magasãn de xôssirr
sapataria

le tailleur
le taierr
alfaiataria

la bijouterie
la bijutrri
joalheria

la quincaillerie
la kãnkalirrí
loja de ferragens

NO MERCADO

Eu gostaria de...
Je voudrais...
je vudrré

Quanto custa?
C'est combien?
sé cõmbiã

Quanto custa por quilo?
C'est combien au kilo?
sé cõmbiã ô kilô

É muito caro/a.
C'est trop cher.
sé trô chérr

Está bem, vou levar.
C'est bon, je le prends.
sé bõ je le prrãn

Dois quilos, por favor.
Deux kilos, s'il vous plaît.
de kilô sill vu plé

Um quilo de...
Un kilo de...
ã kilô de

Meio quilo de...
Une livre de...
ine livrr de

Um pouco mais, por favor.
Un peu plus, s'il vous plaît.
ã pe plis sill vu plé

Posso experimentar?
Je peux goûter?
je pe gutê

É muito bom. Vou levar.
C'est très bon. J'en prends.
sé tré bõ jã prrãn

Isso é tudo, obrigado/a.
C'est tout, merci.
sé tu merci

Talvez você ouça...

- **Vous désirez?**
  vu deziré
  Posso ajudá-lo/a?
- **Vous en voulez combien?**
  vu zã vulé cõmbiã
  Quanto você quer?

NO SUPERMERCADO

Onde fica/ficam…	Où se trouve/trouvent… *u se trruv*
… as comidas congeladas?	… les surgelés? *lé sirgelê*
… o corredor das bebidas?	… le rayon des boissons? *le reiõ dé boassõn*
… o caixa?	… les caisses? *lé késs*

le chariot
le chariô
carrinho

le panier
le paniê
cesto

Eu estou procurando…	Je cherche… *je chérrch*
Você tem mais?	Il vous en reste? *ill vu zã rest*
Está em promoção?	C'est en promotion? *sé tã promociõ*
Pode me ajudar a pôr as mercadorias nas sacolas?	Vous pouvez m'aider à mettre les articles dans les sacs? *vu puvé médê a métrr lezarticle dã lé sác*
Onde eu pago?	Je paye où? *je pei u*
Devo digitar minha senha?	J'entre mon code secret? *jãntrre mõn cod secrrê*
Pode me dar uma sacola?	Je peux avoir un sac? *je pe avoar ã sác*

FRUTAS

une orange
ine orrãnj
laranja

un citron
ã sitrõn
limão-siciliano

un citron vert
ã sitrõn vérr
limão

un pamplemousse
ã pãmplemus
toranja

une pêche
ine péch
pêssego

une nectarine
ine nectarrin
nectarina

un abricot
ã nabricô
damasco

une prune
ine prrín
ameixa

des cerises
dé serriz
cerejas

des myrtilles
dé mirrtie
mirtilos

une fraise
ine frréz
morango

une framboise
ine frãmboaz
framboesa

un melon
ã melõn
melão

du raisin
di rezãn
uvas

une banane
ine banán
banana

une grenade
ine grenad
romã

une pomme
ine póm
maçã

une poire
ine poárr
pera

un ananas
ã nananás
abacaxi

une mangue
ine mãngue
manga

LEGUMES

une pomme de terre
ine póm dé térr
batata

des carottes
de carrót
cenouras

un poivron
ã poavrõ
pimentão

des piments
dé pimãn
pimentas

une aubergine
ine oberjin
berinjela

une tomate
ine tomát
tomate

un oignon vert
ã onhõ vérr
cebolinha

un poireau
ã poarrô
alho-poró

un oignon
ã onhõ
cebola

de l'ail
de laie
alho

des champignons
dé chãmpinhõ
cogumelos

une courgette
ine curgét
abobrinha

un concombre
ã cõncõmbrr
pepino

des haricots verts
dé arricô vérr
vagens

des petits pois
dé peti poá
ervilhas

du céleri
di sêlerri
aipo

des épinards
dezepinar
espinafre

du brocoli
di brocoli
brócolis

un chou
ã xu
repolho

une laitue
ine léti
alface

CARNE DE BOI E DE AVES

Pode me dar…	Je peux avoir… *je pe avoar*
… uma fatia de…?	… une tranche de…? *ine trrãnche de*
… um pedaço de…?	… un morceau de…? *ã morsô de*

du jambon
di jãbõ
presunto

de la viande hachée
de la viãnd aché
carne moída

un steak
ã sték
bife

un filet
ã filê
filé

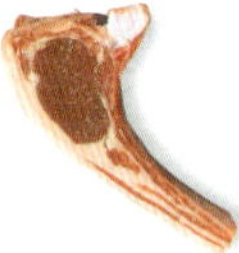

une côte
ine côt
costeleta

un gigot d'agneau
ã gigô danhô
perna de cordeiro

du poulet
di pullê
frango

du canard
di canarr
pato

PEIXES E MARISCOS

de la truite
de la truít
truta

du saumon
di sômõ
salmão

du cabillaud
di cabiô
bacalhau

du bar
di barr
perca-do-mar

de la dorade
de la dorrad
pargo

des sardines
dé sardín
sardinhas

du crabe
di crrab
caranguejo

un homard
ã omar
lagosta

des crevettes
dé crrevét
camarões

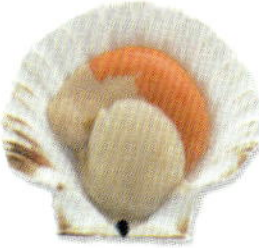

des coquilles St Jacques
dé cokie sã jac
vieiras

PÃES E BOLOS

un petit pain
ã petí pã
pãozinho

une baguette
ine baguét
baguete

du pain au levain
di pã ô levã
pão de massa azeda

de la brioche
de la brrióx
brioche

un croissant
ã crroassã
croissant

un pain au chocolat
ã pã ô xocolá
pão com chocolate

la tarte au citron
la tart ô sitrõn
torta de limão

un éclair au chocolat
ã neclér ô xocolá
bomba de chocolate

une tarte aux fruits
ine tart ô fruí
torta de frutas

des madeleines
dé madelen
pães de ló

LATICÍNIOS

du lait entier
di lé ãntiê
leite integral

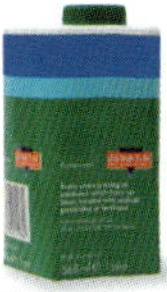

du lait demi-écrémé
di lé demí ecrrêmê
leite semidesnatado

de la crème liquide
de la crrém likid
creme de leite

de la crème fraîche
de la crrém fréch
coalhada

du yaourt
di iáurrt
iogurte

du beurre
di berr
manteiga

du camembert
di camãmbérr
camembert

du fromage râpé
di frromaj rapê
queijo ralado

du fromage de chèvre
di frromaj de chévrr
queijo de cabra

du lait de chèvre
di lé de chévrr
leite de cabra

JORNAIS E REVISTAS

Você tem...	Vous avez... *vu zavê*
... mais cartões-postais?	... d'autres cartes postales? *dôtrre carrt postall*
... selos?	... des timbres? *dé tãmbrr*
... selos via aérea?	... des timbres par avion? *dé tãmbrr par aviõn*
... um pacote de envelopes?	... un paquet d'enveloppes? *ã pakê dãnvlop*
... fita adesiva?	... du scotch? *di scotch*

une carte postale
ine carrt postall
cartão-postal

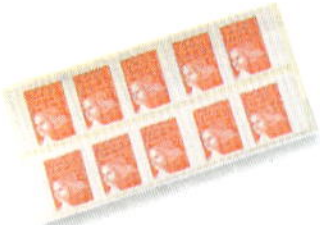

des timbres
dé tãmbrr
selos

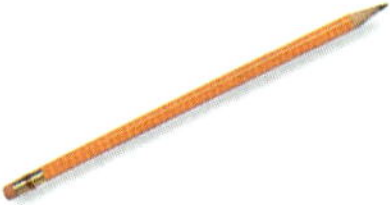

un crayon
ã crreiõn
lápis

un stylo
ã stilô
caneta

Talvez você ouça...

- Vous avez quel âge?
  vu zavê kéll aj
  Quantos anos você tem?
- Vous avez une carte d'identité?
  vu zavê ine carte didantitê
  Tem carteira de identidade?

Eu queria…	Je voudrais… *je vudrré*
… um maço de cigarros.	… un paquet de cigarettes. *ã pakê de sigarrét*
… uma caixa de fósforos.	… des allumettes. *dé zalimét*

du tabac
di tabá
tabaco

un briquet
ã brrikê
isqueiro

des chewing-gums
dé cheuingõm
chicletes

des bonbons
dé bõnbõ
balas

un journal
ã jurrnall
jornal

un magazine
ã magasín
revista

une BD
ine bêdê
gibi

des crayons de couleur
dé crreiõn de culerr
lápis de cor

COMPRAR ROUPAS

Estou procurando...	Je cherche... *je chérrch*
Eu uso tamanho...	Je suis taille... *je suí tai*
Você tem isto...	Vous avez celui-là... *vu zavê celuí la*
... no meu tamanho?	... ma taille? *ma tai*
... em (tamanho) pequeno?	... le même en S? *le mém ã éss*
... em (tamanho) médio?	... le même en M? *le mém ã ém*
... em (tamanho) grande?	... le même en L? *le mém ã éll*
... em outras cores?	... d'autres couleurs? *dôtrr culerr*
Posso provar?	Je peux essayer? *je pe esseiê*
Onde ficam os provadores?	Où sont les cabines d'essayage? *u sõ lê cabin desseiaj*
É...	C'est... *sé*
... muito grande.	... trop grand. *trô grãn*
... muito pequeno.	... trop petit. *trô petí*
Eu preciso de...	Il me faut... *il me fô*
... um número maior.	... la taille au-dessus. *la tai ô dessí*
... um número menor.	... la taille en dessous. *la tai ã dessu*
Vou levar este/a.	Je prends celui-là. *je prrãn celuí la*

COMPRAR CALÇADOS

Eu calço número...	Je suis pointure... *je suí poãntirr*
Posso provar...	Je peux essayer... *je pe esseiê*
... este par?	... cette paire? *set pérr*
... aqueles da vitrine?	... celles de la vitrine? *séll de la vitrrin*
Estes estão...	Elles sont... *éll sõ*
... muito apertados.	... trop serrées. *trô serrê*
... muito grandes.	... trop grandes. *trô grãnd*
... muito pequenos.	... trop petites. *trô petít*
... desconfortáveis.	... inconfortables. *ãncõnfortabll*
Você tem um número maior?	Vous avez la pointure au-dessus? *vu zuvê la poãntirr ô dessí*
... um número menor?	... la pointure en dessous? *la poãntirr ã dessu*

Tabela de tamanhos

Roupas femininas

Europa	34	36	38	40	42	44	46	48
Brasil		34	36	38	40	42	44	46
EUA	4	6	8	10	12	14	16	18

Roupas masculinas

Europa	46	48	50	52	54	56	58	60
Brasil	46	48	50	52	54	56	58	60
EUA	36	38	40	42	44	46	48	50

Calçados femininos

Europa	36	37	38	39	40	42	43
Brasil	33	35	36	37	39	41	42
EUA	5	6	7	8	9	10	11

ROUPAS E CALÇADOS

une robe
ine rob
vestido

une robe de soirée
ine rob de soarrê
traje de passeio

une veste
ine vest
jaqueta

un pull
ã pill
pulôver

un jean
ã djin
jeans

une jupe
ine jip
saia

des chaussures de sport
dé xôssirr de spor
tênis

des bottes
dé bot
botas

un sac à main
ã sak a mã
bolsa

une ceinture
ine sãntirr
um cinto

le costume
le kostim
terno

le manteau
le mãntô
casaco

une chemise
ine xemiz
camisa

un t-shirt
ã tixerrt
camiseta

un short
ã short
shorts

des chaussures à talon
dé xossirr a talõn
sapatos de salto alto

des chaussures de ville
dé xossirr de vill
mocassins

des sandales
dé sãndall
sandálias

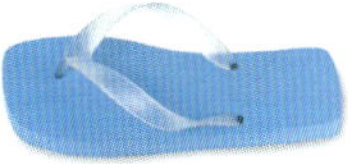

des tongs
dé tõng
sandálias de dedo

des chaussettes
dé xossét
meias soquetes

NA LOJA DE PRESENTES

Estou procurando um presente para...	Je cherche un cadeau pour... *je chérrch ã kadô pur*
... minha mãe/meu pai.	... ma mère/mon père. *ma mérr/mõ pérr*
... minha filha/meu filho.	... ma fille/mon fils. *ma fie/mõ fis*
... uma criança.	... un enfant. *ã nãnfãn*
... um/a amigo/a.	... un ami/une amie. *ã nami/ine ami*
Você pode me sugerir algo?	Vous pouvez me conseiller quelque chose? *vu puvê me kõnsseiê kelke xôz*
Você tem uma caixa?	Vous avez une boîte? *vu zavê ine boat*
Você pode embrulhar para presente?	Vous pouvez me faire un paquet-cadeau? *vu puvê me férr ã pakê cadô*

un collier
ã coliê
colar

un bracelet
ã brrasselê
pulseira

une montre
ine mõntrr
relógio (de pulso)

des boutons de manchette
dé butõ de mãnchét
abotoaduras

une poupée
ine pupé
boneca

une peluche
ine pelich
brinquedo de pelúcia

un portefeuille
ã porrtefeie
carteira

des chocolats
de xocolá
chocolates

Estou procurando um suvenir de...	Je cherche un souvenir de... *je chérrch ã suvenir de*
Tem garantia?	Il y a une garantie? *iliá ine garrãnti*
Posso trocar se houver algum problema?	C'est échangeable en cas de problème? *cé exãnjabll ã ca de prroblém*

Talvez você ouça...

- **C'est pour offrir?**
  cé pur ofrrir
  É para presente?
- **Vous voulez un paquet-cadeau?**
  vu vulê ã pakê cadô
  Quer que embrulhe para presente?

FOTOGRAFIA

Eu gostaria de revelar este filme.	Je voudrais faire développer cette pellicule. *je vudrré férr develôpê sét pellicull*
Quando vai ficar pronto?	Ça sera prêt quand? *sa serrá pré kãn*
Você tem serviço expresso?	Vous avez un service rapide? *vu zavê ã serrviss rapid*
Eu queria...	Je voudrais... *je vudrré*
... o serviço de revelação em 1 hora.	... le service de développement en une heure *le serrviss de developemãn ã ine err*

un appareil photo numérique
ã naparrei fotô nimerric
câmera digital

une carte mémoire
ine carrt memoarr
cartão de memória

une pellicule
ine pellicull
rolo de filme

un album photo
ã nalbum fotô
álbum de fotografias

un cadre
ã cadrr
porta-retrato

Você imprime fotos digitais?	Vous imprimez les photos numériques? *vu zãmprrimê lé fotô nimerric*
Você pode imprimir a partir deste pente de memória?	Vous pouvez imprimer à partir de cette carte? *vu puvê ãmprrimê a partirr de sét carrt*

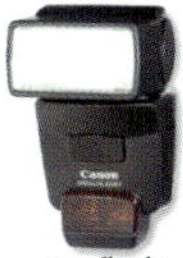

un flash
ã flash
unidade de flash

un appareil photo
ã naparrei fotô
câmera

un objectif
ã nobjectif
objetiva

un étui
ã netuí
estojo para câmera

Talvez você ouça...

- **Quelle taille préférez-vous?**
  kell taí preferê vu
  De que tamanho deseja?
- **Mat ou brillant?**
  mat u briãn
  Fosca ou brilhante?
- **Vous les voulez quand?**
  vu lé vulê kãn
  Para quando você as quer?

NO CORREIO

Eu queria...	Je voudrais... *je vudrré*
... três selos, por favor.	... trois timbres, s'il vous plaît. *troá tãmbrr sill vu plé*
... enviar esta carta registrada.	... envoyer cette lettre en recommandé. *ãnvoaiê set létrr ã recomãndê*
... enviar isto por via aérea.	... envoyer ça par avion. *ãnvuaê sa par aviõn*

une enveloppe
ine ãnvlop
envelope

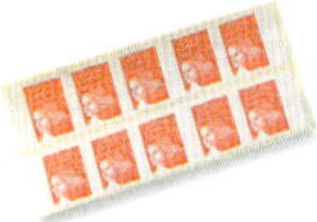

des timbres
dé tãmbrr
selos

une carte postale
ine carrt postall
cartão-postal

par avion
par aviõn
via aérea

Talvez você ouça...

- **Quel est le contenu?**
  kell é le cõnteni
  Qual é o conteúdo?
- **Quelle est sa valeur?**
  kell é sa vallerr
  Qual é o valor disso?

Quanto custa...?	Combien ça coûte pour...? *cõmbiã sa cut pur*
... uma carta para...	... une lettre pour... *ine létrr pur*
... um cartão-postal para...	... une carte postale pour... *ine carrt postall pur*
... a Grã-Bretanha?	... la Grande-Bretagne? *la grãnd bretanhe*

un paquet
ã paké
pacote

le coursier
le cursiê
mensageiro

la boîte aux lettres
la boat ô létrr
caixa de correio

le facteur
le facterr
carteiro

... os Estados Unidos?	... les États-Unis. *lé zetá zuni*
... o Canadá?	... le Canada. *le canada*
... a Austrália?	... l'Australie. *lostrrali*
Pode me dar um recibo?	Je peux avoir un reçu? *je pe avoar ã reçu*
Onde posso postar isso?	Je poste ça où? *je post sa u*

TELEFONES

Onde fica a cabine telefônica mais próxima?
Où se trouve la cabine téléphonique la plus proche?
u se trruv la cabin telefonic la pli prôch

le téléphone sans fil
le telefõn sãn fill
telefone sem fio

le téléphone portable
le telefõn porrtabl
celular

la carte de téléphone
la carrt de telefõn
cartão telefônico

la cabine téléphonique
la cabin telefonic
cabine telefônica

la cabine à pièces
la cabin a piéss
telefone de moeda

le répondeur
le rêpõnderr
secretária eletrônica

Quem está falando?
Qui est à l'appareil?
ki éta laparrei

Alô, aqui é...
Allô, c'est...
alô, sé

Eu queria falar com...
Je voudrais parler à...
je vudrré parlê a

Posso deixar um recado?
Je peux laisser un message?
je pe lessê ã messaj

INTERNET

Há algum cybercafé perto daqui?	Il y a un cybercafé près d'ici? *iliá ã sibercafê pré dissi*
Quanto custa?	C'est combien? *sé cômbiã*
Você tem internet sem fio?	Vous avez une connexion wifi? *vu zavê ine conecsiõ wifi*
Posso verificar meus e-mails?	Je peux regarder mes e-mails? *je pe regarrdê mé zimél*
Eu preciso mandar um e-mail.	Je dois envoyer un e-mail. *je doá ãnvoaiê ã nimél*
Qual é o seu endereço eletrônico?	Quelle est ton adresse e-mail? *kéll é ton nadrés imél*
Meu endereço eletrônico é...	Mon adresse e-mail est... *mõ nadrés imél é*
Posso mandar um e-mail daqui?	On peut envoyer des e-mails d'ici? *õ pê ãnvoaiê dé zimél dissi*

l'ordinateur portable
lordinaterr porrtabl
laptop

le clavier
le claviê
teclado

le site web
le sit véb
site

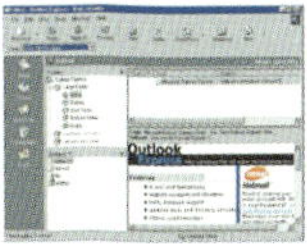

l'e-mail
limél
e-mail

TURISMO

Em quase todas as cidades, o centro de informações turísticas fica perto da prefeitura ou de uma estação ferroviária, e os funcionários podem sugerir locais interessantes para visitar. A maioria dos museus nacionais franceses fecha às terças-feiras e nos feriados; portanto, verifique antes.

NO CENTRO DE TURISMO

Onde fica o centro de informações turísticas?	Où se trouve l'office du tourisme? *u se trruv lofiss di turrism*
Você pode nos indicar…	Vous pouvez nous indiquer… *vu puvê nu zãndikê*
… uma visita guiada?	… une visite guidée? *ine visit guidê*
… uma excursão?	… une excursion? *ine ekscurrciõ*
Há um museu?	Il y a un musée? *iliá ã mizê*
É aberto ao público?	C'est ouvert au public? *sé tuvér ô piblik*
Há acesso para cadeira de rodas?	Il y a un accès handicapés? *iliá ã akcé ãndicapê*
Fecha…	Ça ferme… *sa férm*
… aos domingos?	… le dimanche? *le dimãnch*
… nos feriados?	… les jours fériés? *lé jur feriê*
Você tem…	Vous avez… *vu zavê*
… um guia de ruas?	… un plan de la ville? *ã plãn de la vill*
… um guia? (pessoa)	… un guide? *ã guid*
… folhetos?	… des prospectus? *dé prrospectiss*
Você pode me mostrar no mapa?	Vous pouvez me montrer sur le plan? *vu puvê me mõntrrê sir le plãn*

CONHECER LOCAIS

A que horas...	À quelle heure... *a kéll err*
... vocês abrem?	... ouvrez-vous? *uvrê vu*
... vocês fecham?	... fermez-vous? *fermê vu*
Eu queria dois ingressos.	Je voudrais deux entrées. *je vudrré de zãtrê*
Duas inteiras, por favor.	Deux adultes, s'il vous plaît. *de zadilt sill vu plê*
Um ingresso para família.	Un billet familial. *ã biiê familiall*
Quanto custa?	C'est combien? *sé cõmbiã*
Há desconto para...	Il y a une réduction... *iliá ine redictiõ*
... crianças?	... pour les enfants? *pur lé zãfã*
... estudantes?	... pour les étudiants? *pur lé zetidiã*

le plan
le plãn
guia de ruas

l'office du tourisme
lofiss di turrism
escritório de turismo

le billet d'entrée
le biiê dãtrrê
ingresso

l'accès handicapés
lakcé ãndicapê
acesso para cadeira de rodas

Posso comprar um guia (livro)?	Je peux acheter un guide? *je pe achetê ã guid*
Há...	Il y a... *iliá*
... um audioguia?	... un guide audio? *ã guid odiô*
... uma visita guiada?	... une visite guidée? *ine visit guidê*
... um elevador?	... un ascenseur? *ã nassãnsserr*
... uma cafeteria?	... un café? *ã kafê*
... um ônibus de turismo?	... une visite en bus? *ine visit ã bis*
Quando sai o próximo passeio?	À quelle heure est la prochaine visite? *a kéll err é la prroxén visit*

le bus touristique
le bis turristic
ônibus de turismo

Talvez você ouça...

- **Vous avez une carte d'étudiant?**
  vu zavê ine carrt detidiãn
  Você tem carteira de estudante?
- **Vous avez quel âge?**
  vu zavê kell aj
  Quantos anos você tem?

ORIENTAR-SE

Com licença.	Excusez-moi. *esskizê-moá*
Pode me ajudar?	Vous pouvez m'aider? *vu puvê medê*
Este é o caminho para...?	C'est par là...? *sé par la*
Como eu chego...	Pour aller... *pur alê*
... ao centro da cidade?	... au centre-ville? *ô sãtrre vill*
... à estação?	... à la gare? *a la gar*
... ao museu?	... au musée? *ô mizê*
... à galeria de arte?	... à la galerie d'art? *a la galerri darr*
É longe?	C'est loin? *sé loã*
Dá para ir a pé?	On peut y aller à pied? *ã pe i allê a piê*
Você pode me mostrar no mapa?	Vous pouvez me montrer sur le plan? *vu puvê me mõntrê sir le plãn*

Talvez você ouça...

- **Ce n'est pas loin.**
  se né pa loã
  Não é longe.
- **C'est à dix minutes.**
  sé ta di minit
  Leva dez minutos.
- **Il faut prendre un bus.**
  il fô prrãndrr ã bis
  É preciso pegar um ônibus.

Talvez você ouça...

• **Nous sommes là.** *nu sóm la*	Nós estamos aqui.
• **Continuez tout droit...** *cõntinuê tu drroá*	Vá sempre reto...
• **... jusqu'au bout de la rue.** *jiskô bu de la ri*	... até o fim da rua.
• **... jusqu'aux feux.** *jiskô fê*	... até o semáforo.
• **... jusqu'à la grande place.** *jiska la grrãnd plas*	... até a praça principal.
• **Par ici.** *par issi*	Por aqui.
• **Par là.** *par la*	Por ali.
• **Tournez à droite à...** *turrnê a drroat a*	Vire à direita em...
• **Tournez à gauche à...** *turrnê a gôch a*	Vire à esquerda em...
• **Prenez la première...** *prrenê la prremiérr*	Pegue a primeira...
• **...à gauche/à droite** *a gôch/a drroat*	... à esquerda/à direita.
• **C'est devant.** *sé devãn*	Fica na frente.
• **C'est derrière.** *sé derriérr*	Fica atrás.
• **C'est en face.** *sé tã fas*	Fica de frente para você.
• **C'est à côté de...** *sé ta cotê de*	Fica ao lado do/a...
• **C'est indiqué.** *sé tãndikê*	Há indicação. (com placa)
• **C'est par là.** *sé par la*	Fica ali.

LOCAIS PARA VISITAR

la mairie
la merri
prefeitura

le pont
le põn
ponte

le musée
le mizê
museu

la galerie d'art
la gallerri dar
galeria de arte

le monument
le monimã
monumento

l'église
legliz
igreja

la cathédrale
la catedrral
catedral

le village
le villaj
aldeia

le parc
le parc
parque

le port
le pórr
porto

le phare
le far
farol

le vignoble
le vinhobll
vinhedo

le château
le xatô
castelo

la côte
la côt
costa

la cascade
la cascad
cachoeira

les montagnes
le mõntanh
montanhas

ATIVIDADES AO AR LIVRE

Onde podemos...	Où peut-on aller... *u pe tõ alê*
... andar a cavalo?	... faire de l'équitation? *fér de lekitaciõ*
... pescar?	... pêcher? *pechê*
... nadar?	... nager? *najê*
... caminhar?	... en randonnée? *ã rãndonê*
Nós podemos...	On peut... *ã pe*
... alugar equipamento?	... louer le matériel? *luê le materriell*
... ter aulas?	... prendre des cours? *prrãndrr dé curr*
Quanto custa por hora?	C'est combien par heure? *sé cõmbiã par err*
Eu sou principiante.	Je suis débutant. *je suí debitã*
Eu sou bem experiente.	J'ai pas mal d'expérience. *jé pa mal deksperriãnss*
Onde fica o parque de diversões?	Où se trouve le parc d'attraction? *u se trruv le parc datrracsiõn*
As crianças podem ir em todos os brinquedos?	Les enfants sont autorisés sur tous les manèges? *lé zãnfã sõ totorrizê sir tu lé manéj*
Há um playground?	Il y a une aire de jeux? *iliá ine érr de je*
É seguro para crianças?	La sécurité est assurée pour les enfants? *la sekirritê étassirrê pur lé zãfã*

la fête foraine
la fét forrén
parque de diversões

le parc d'attraction
le parc datrrakciõ
parque temático

le parc safari
le parc safarri
parque safári

le zoo
le zô
zoológico

l'aire de jeux
lér de je
playground

le pique-nique
le pic nic
piquenique

la pêche
la péch
pesca

l'équitation
lekitaciõn
andar a cavalo

ESPORTES E LAZER

A França oferece aos visitantes uma enorme variedade de eventos culturais, diversão, atividades de lazer e esportes. Os franceses têm muito orgulho de seus investimentos em arte, música, ópera, teatro e cinema. Sua herança artística e cultural é importante, e a população tem um profundo interesse em arte, filosofia e política. Há também diversas modalidades esportivas, desde alpinismo, caminhadas e esportes de inverno nos Alpes até esportes aquáticos em lagos e no litoral.

TEMPO LIVRE

Eu gosto de...	J'aime... *jém*
... arte e pintura.	... l'art et la peinture. *lar e la pãntirr*
... filmes e cinema.	... les films et le cinéma. *lé film e le cinemá*
... teatro.	... le théâtre. *le teatrr*
... ópera.	... l'opéra. *loperrá*
Eu prefiro...	Je préfère... *je prreférr*
... ler.	... lire. *lir*
... ouvir música.	... écouter de la musique. *ecutê de la mizic*
... assistir a esportes.	... regarder le sport. *regarrdê le spor*
... jogar.	... jouer. *juê*
... ir a concertos.	... aller à des concerts. *allê a dé cõnssérr*
... dançar.	... danser. *dãnssê*
... ir a uma discoteca.	... sortir en boîte. *sorrtirr ã boat*
... sair com amigos.	... sortir avec des amis. *sorrtirr avéc dezami*
Eu não gosto...	Je n'aime pas... *je ném pa*
Isso me aborrece.	Ça m'ennuie. *sa mãnuí*
Isso não me interessa.	Ça ne m'intéresse pas. *sa ne mãnterress pa*

NA PRAIA

Posso alugar...	Je peux louer... *je pe luê*
... um jet ski?	... un jet ski? *ã jét ski*
... um guarda-sol?	... un parasol? *ã parrassol*
... uma prancha de surfe?	... une planche de surf? *ine plãnch de serf*
... um traje de mergulho?	... une combinaison? *ine cõmbinezõ*

la serviette de plage
la serviét de plaj
toalha de praia

le ballon de plage
le balõn de plaj
bola de praia

le transat
le trãnsat
cadeira de praia

la chaise longue
la xéz lãng
espreguiçadeira

Talvez você ouça...

- Baignade interdite.
  bãnhad ãnterdit
  Proibido nadar.
- Plage fermée.
  plaj ferrmê
  Praia fechada.
- Courants violents.
  currãn violãn
  Correnteza forte.

les lunettes de soleil
lé linét de solei
óculos de sol

le chapeau de paille
le chapô de pai
chapéu de sol

le bikini
le bikini
biquíni

la crème solaire
la crrém sollérr
protetor solar

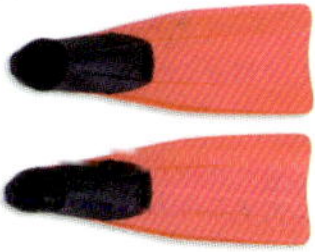

les palmes
lé palm
pés de pato

le masque et le tuba
le mask e le tibá
máscara e snorkel

Quanto custa?	Ça coûte combien? *sa kut cõmbiã*
Posso fazer esqui aquático?	Je peux faire du ski nautique? *je pe férr di ski notik*
Há um salva-vidas?	Il y a un sauveteur? *iliá ã sovterr*
É seguro...	C'est possible de... *sé possibl de*
... nadar aqui?	... nager ici? *najê issi*
... surfar aqui?	... faire du surf ici? *férr di serf issi*

NA PISCINA

A que horas...	À quelle heure... *a kéll err*
... a piscina abre?	... ouvre la piscine? *uvrre la pissin*
... a piscina fecha?	... ferme la piscine? *férm la pissin*
É...	C'est... *sé*
... uma piscina coberta?	... une piscine couverte? *ine pissin cuvérrt*
... uma piscina ao ar livre?	... une piscine découverte? *ine pissin decuvérrt*
Há uma piscina infantil?	Il y a un bassin pour les enfants? *iliá ã bassãn pur lezãfã*
Onde ficam os vestiários?	Où sont les vestiaires? *u sõ lé vestiérr*
É seguro mergulhar?	On peut plonger? *ã pe plãnjê*

le brassard
le brassar
boia de braço

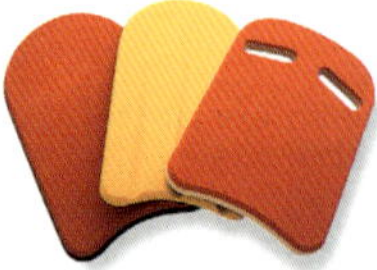

la planche
la plãnch
prancha

les lunettes
lé linét
óculos de natação

le maillot de bain
le maiô de bã
maiô

NA ACADEMIA

le rameur
le ramerr
remador

le cross trainer
le crross trrenerr
elíptico

le stepper
le steperr
aparelho de step

le vélo d'exercice
le velô dekzersiss
bicicleta ergométrica

Há uma academia?	Il y a une salle de gym? *iliá ine sall de jim*
É gratuita para hóspedes?	C'est gratuit pour les résidents? *sé grratui pur lé rezidãn*
Eu preciso usar tênis?	Il faut porter des chaussures de sport? *il fô porrtê dé xossírr de spórr*
Preciso fazer uma aula de introdução?	Il faut suivre une session de présentation? *il fô suívrr ine sessiõn de prrezãntassiõ*
Você oferece…	Vous proposez… *vu prropozê*
… aulas de aeróbica?	… des cours d'aérobic? *dé cur daêrrobic*
… aulas de Pilates?	… des cours de pilates? *dé cur de pilate*
… aulas de ioga?	… des cours de yoga? *dé cur de ioga*

BARCO E VELA

Posso alugar...	Je peux louer... *je pe luê*
... um bote?	... un canot pneumatique? *ã canô pnematic*
... uma prancha de windsurfe?	... une planche à voile? *ine plãnch a voal*
... uma canoa?	... un canoë? *ã canoê*

un gilet de sauvetage
ã jilê de sovetaj
colete salva-vidas

une boussole
ine bussoll
bússola

... um barco a remo?	... une barque? *ine bark*
Você oferece aulas de iatismo?	Vous proposez des cours de voile? *vu prropozê dé cur de voal*
Você tem ancoradouro?	Vous avez un bassin d'amarrage? *vu zavê ã bassãn damarraj*
Quanto custa por noite?	C'est combien pour la nuit? *sé cõmbiã pur la nuí*
Onde posso comprar gás?	On peut acheter de l'essence? *õ pe achetê de lessãnss*
Onde fica a marina?	Où se trouve le port de plaisance? *u se trruv le pórr de plezãnss*
Você pode consertar isso?	Vous pouvez le réparer? *vu puvê le reparrê*

ESPORTES DE INVERNO

Eu gostaria de alugar...	Je voudrais louer... *je vudrré luê*
... esquis.	... des skis. *dé ski*
... botas de esqui.	... des chaussures de ski. *dé xossírr de ski*
... bastões.	... des bâtons. *dé batõn*
... uma prancha de snowboard.	... une planche de snowboard *ine plãnch de snowbord.*
... um capacete.	... un casque. *ã cask*
Quando...	À quelle heure... *a kéll err*
... o teleférico (de cadeirinha) abre?	... démarre le télésiège? *demarr le telessiéj*
... o teleférico fecha?	... ferme le téléphérique? *férm le teleferrik*
Quanto custa um bilhete de teleférico?	C'est combien pour le forfait? *sé cõmbiã pur le forrfó*
Posso receber aulas de esqui?	Vous donnez des cours de ski? *vu donê dé cur de ski*
Onde ficam as pistas para iniciantes?	Où sont les pistes vertes? *u sõ lé pist vérrt*

Talvez você ouça...

- Vous êtes débutant?
  vu zét debitãn
  Você é principiante?
- Je dois prendre une caution.
  je doá prrãndrr ine cociõn
  Preciso de um depósito.

JOGOS COM BOLA

Eu gosto de jogar...	J'aime jouer au... *jém ju<u>ê</u> ô*
... futebol.	... football. *fut<u>ball</u>*
... tênis.	... tennis. *te<u>niss</u>*
... golfe.	... golf. *golf*
... badminton.	... badminton. *bad<u>mint</u>ón*
... squash.	... squash. *sko<u>ash</u>*
... beisebol.	... baseball. *base<u>ball</u>*
Onde fica...	Où se trouve... *u se <u>trruv</u>*
... a quadra de tênis?	... le cours de tennis? *le cur de te<u>niss</u>*
... o campo de golfe?	... le terrain de golf? *le te<u>rrã</u> de golf*
... o centro esportivo?	... le complexe sportif? *le cõm<u>pléx</u> sporr<u>tif</u>*

le ballon de football
le balõn de fut<u>ball</u>
bola de futebol

les poignets éponge
lé poa<u>nhé</u> e<u>põnj</u>
munhequeiras

le panier de basket
le pa<u>niê</u> de bas<u>két</u>
cesta

le gant de baseball
le gãn de base<u>ball</u>
luva de beisebol

Posso reservar uma quadra...	Je peux louer un cours... *je pe luê ã cur*
... por duas horas?	... pour deux heures? *pur de zerr*
... às três horas?	... à trois heures? *a troá zérr*
Quais calçados são permitidos?	Faut-il des chaussures spéciales? *fôtil dé xossírr special*
Posso alugar...	Je peux louer... *je pe luê*
... uma raquete de tênis?	... une raquette de tennis? *ine rakét de teniss*
... bolas?	... des balles? *dé bal*
... um jogo de tacos?	... des clubs? *dé club*
Quando é a partida/ o jogo?	À quelle heure est la partie/ le match? *a kéll err é la parrti/le match*

la raquette de tennis
la rakét de teniss
raquete de tênis

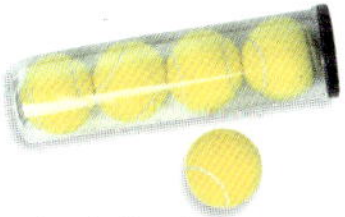

les balles de tennis
lé bal de teniss
bolas de tênis

la balle de golf, le té de golf
la bal de golf, le tê de golf
bola de golfe, tee

le club de golf
le club de golf
taco de golfe

SAÍDAS

Onde fica…	Où se trouve… *u se trruv*
… a ópera?	… l'opéra? *loperrá*
… um clube de jazz?	… un club de jazz? *ã club de jazz*
Eu preciso reservar com antecedência?	Il faut réserver à l'avance? *il fô reservé a lavãnss*
Eu queria… ingressos.	Je voudrais… billets. *je vudrré… biiê*
Eu queria lugares…	Je voudrais des places… *je vudrré dé plas*
… atrás.	… à l'arrière. *a larriérr*
… na frente.	… devant. *devã*
… no meio.	… au milieu. *ô miliê*
… na galeria.	… au balcon. *ô balcõ*
Há música ao vivo?	Il y a un orchestre? *iliá ã orrkestrr*
Podemos dançar?	On peut aller danser? *õ pe alê dãnssê*

Talvez você ouça…

- **Veuillez éteindre votre portable.**
  veiê etãndrr votrr porrtabl
  Desligue seu celular.
- **Veuillez retourner à vos places.**
  veiê returrnê a vô plas
  Voltem aos seus lugares.

le théâtre
le teatrr
teatro

l'opéra
loperrá
ópera

le musicien
le misiciã
músico

le pianiste
le pianist
pianista

le chanteur
le xãnterr
cantor

le ballet
le balê
balé

le cinéma
le cinemá
cinema

les popcorns
le popcorn
pipocas

le casino
le cazinô
cassino

la boîte de nuit
la boat de nuí
casa noturna

GALERIAS E MUSEUS

Qual é o horário de funcionamento?	Quelles sont les horaires d'ouverture? *kéll sõn lé zorrérr duvertirr*
Há visitas guiadas em inglês?	Il y a des visites guidées en anglais? *iliá dé visit guidê ã ãnglé*
Quando a visita começa?	À quelle heure part la visite? *a kéll err par la visit*
Quanto custa?	C'est combien? *sé cõmbiã*
Quanto tempo leva?	Ça prend combien de temps? *sa prrãn cõmbiã de tã*
Você tem audioguia?	Vous avez un guide audio? *vu zavê ã guíd odiô*
Você tem um guia (livro) em inglês?	Vous avez un guide en anglais? *vu zavê ã guíd ã ãnglé*
É permitido fotografar (com flash)?	On peut prendre des photos (au flash)? *õ pe prrãndrr dé fotô ô flash*

la statue
la statí
estátua

le buste
le bist
busto

Pode me indicar...?	Vous pouvez m'indiquer...? *vu puvê mãndikê*
Eu gostaria muito de ver...	J'aimerais beaucoup voir... *jemeré bocu voar*
Quem pintou isto?	Qui a peint ça? *ki a pã sa*
De quando é?	De quand date-t-il? *de kãn dat til*

le tableau
le tablô
quadro

la gravure
la grravirr
gravura

le dessin
le dessã
desenho

le manuscrit
le maniscrri
manuscrito

Há rampas para cadeira de rodas?	Il y a un accès pour les fauteuils roulants? *iliá ã naksé pur le fotei rulãn*
Há um elevador?	Il y a un ascenseur? *iliá ã nassãnsserr*
Onde ficam os banheiros?	Où sont les toilettes? *u sõ lé toalet*
Estou com um grupo.	Je fais partie d'un groupe. *je fé parrti dã grrup*
Me perdi do grupo.	J'ai perdu mon groupe. *jé perdí mõ grrup*

DIVERSÃO EM CASA

Como se faz para...	Comment fait-on pour... *comãn fétõ pur*
... ligar a televisão?	... allumer la télévision? *alimê la televiziõ*
... mudar de canal?	... changer de chaîne? *xãnjê de xén*
... aumentar o volume?	... monter le son? *mõntê le sõ*
... diminuir o volume?	... baisser le son? *bessê le sõ*
Você tem TV por satélite?	Vous avez la télé satellite? *vu zavê la têlê satelit*
Onde posso comprar...	Où peut-on acheter... *u pe tõ achetê*
... um DVD?	... un DVD? *ã dêvêdê*
... um CD de música?	... un CD de musique? *ã sêdê de mizic*
... um CD de áudio?	... un CD audio? *ã sedê odiô*

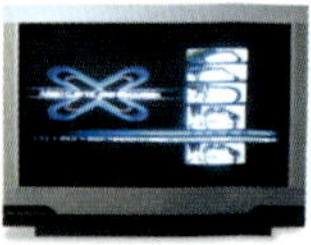

le téléviseur grand écran
le televizerr grrãn tecrrãn
TV widescreen

le lecteur de DVD
le lecterr de dêvêdê
DVD player

la télécommande
la télecomãnd
controle remoto

la console de jeux
la cõnssol de je
videogame

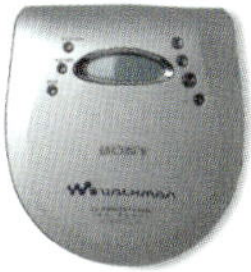

le baladeur CD
le baladerr sêdê
CD player compacto

l'iPod
lipod
iPod

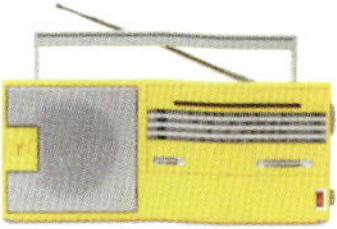

la radio
la radiô
rádio

l'ordinateur portable
lorrdinaterr porrtabl
laptop

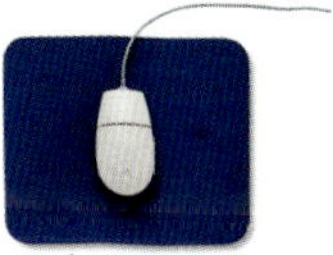

la souris
la surrí
mouse

Posso usar isto para...	Je peux l'utiliser pour... *je pe litilizê pur*
... acessar a internet?	... aller sur internet? *alê sir ãnternét*
É banda larga/sem fio?	C'est ADSL/wifi? *sé a dê és éll/wifí*
O que é preciso fazer para...	Que faut-il faire pour... *ke fô til férr pur*
... se conectar?	... se connecter? *se conectê*
... se desconectar?	... se déconnecter? *se deconectê*
... reiniciar?	... redémarrer? *redêmarrê*

SAÚDE

Antes de viajar, é bom familiarizar-se com um vocabulário básico para usar em uma emergência ou caso você precise consultar um médico, ir a uma farmácia ou hospital. Quem tem passaporte da União Europeia tem direito, na França, a tratamento médico de emergência gratuito apresentando o Cartão de Seguro-Saúde europeu.

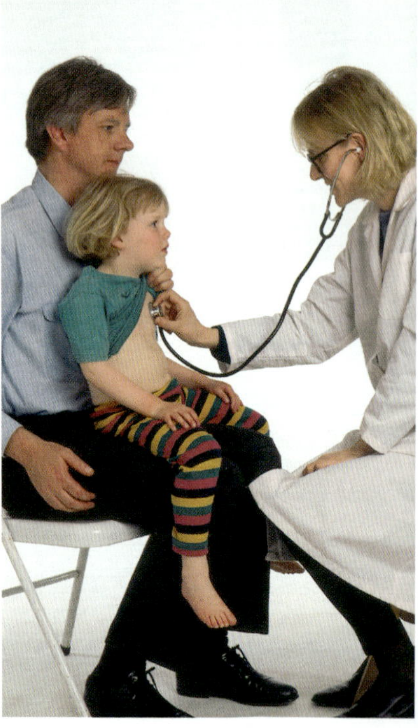

FRASES ÚTEIS

Eu preciso de um médico.	Il faut que je voie un médecin. *ill fô ke je voá ã mêdessã*
Gostaria de marcar uma consulta…	Je voudrais prendre un rendez-vous… *je vudrré prrãndrr ã rãndê vu*
… o mais breve possível.	… dès que possible. *dé ke possibl*
… hoje.	… aujourd'hui. *ôjurduí*
É muito urgente.	C'est très urgent. *sé tré zirrjã*
Eu tenho um Cartão de Seguro-Saúde europeu.	J'ai une carte de sécurité sociale européenne. *jé ine carrt de sekirritê sossial erropêén*
Eu tenho seguro de saúde.	J'ai une assurance maladie. *jé ine assirrãnss maladí*
Pode me dar um recibo?	Je peux avoir un reçu? *je pe avoar ã reçu*
Onde fica o/a mais próximo/a…	Où se trouve la/le plus proche… *u se trruv la/le pli prôch*
… farmácia?	… pharmacie? *farrmassí*
… ambulatório médico?	… cabinet médical? *cabinê médicall*
… hospital?	… hôpital? *ôpitall*
… dentista?	… dentiste? *dãntist*
Qual é o horário de funcionamento?	Quels sont les horaires d'ouverture? *kéll sõ lé zorrérr duvertirr*

NA FARMÁCIA

O que eu posso levar para...?	Qu'est-ce-que je peux prendre pour...? *késske je pe prrãndrr pur*
Quanto eu devo levar?	Il faut en prendre combien? *ill fô ã prrãndrr cõmbiã*
É seguro para crianças?	Les enfants peuvent en prendre? *le zãnfã pev tã prrãndrr*
Tem efeitos colaterais?	Il y a des effets secondaires? *iliá de zefé secõndérr*
Você tem...	Vous en avez... *vu zõ navê*
... em comprimidos?	... en cachets? *ã caxê*
... em spray?	... en vaporisateur? *ã vaporrizatérr*
... em cápsulas?	... en capsules? *ã kapsil*
Eu sou alérgico/a a...	Je suis allergique au/à la... *je suí allerjic o/a la*
Já estou tomando...	Je prends déjà... *je prãn dejá*
Preciso de receita?	Il me faut une ordonnance? *ill me fô ine ordonãnss*

Talvez você ouça...

- **C'est à prendre... fois par jour.**
  sé ta prrãndrr... foá par jur
  Tome isso... vezes por dia.
- **Pendant les repas.**
  pãndã lé repá
  Durante as refeições.

le bandage
le bãndaj
atadura

les pansements
le pãnssmã
curativos adesivos

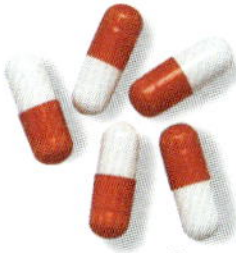

les capsules
lé capsil
cápsulas

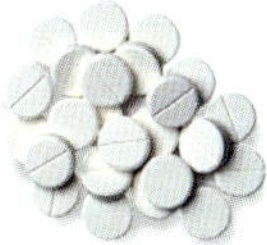

les cachets
lé caxê
comprimidos

l'inhalateur
linalatérr
inalador

les suppositoires
lé sipôzitoar
supositórios

les gouttes
lé gut
gotas

le vaporisateur
le vaporrizatérr
spray

la pommade
la pomad
pomada

le sirop
le sirrô
xarope

O CORPO HUMANO

Eu machuquei meu/ minha...	Je me suis fait mal au/à la... *je me suí fé mall ô/a la*
Eu cortei meu/minha...	Je me suis coupé le/la... *je me suí cupê le/la*

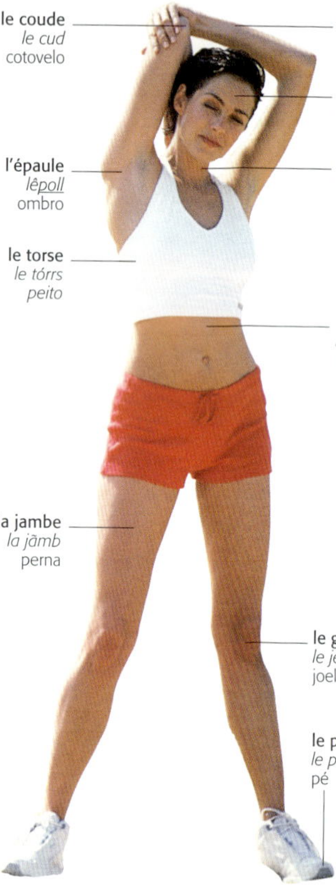

ROSTO

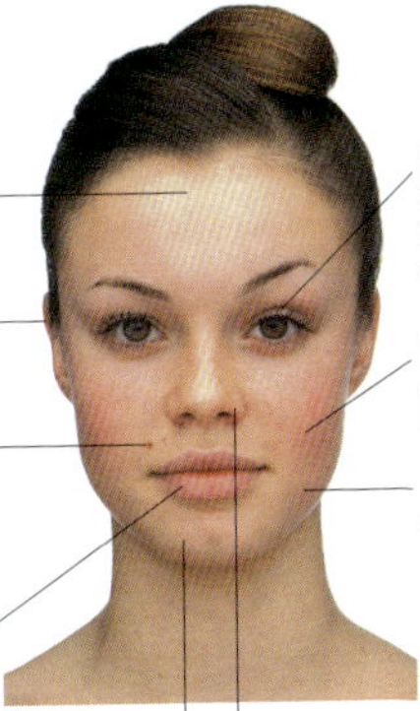

la peau
la pô
pele

l'oreille
lorréie
orelha

le grain de beauté
le grã de botê
pinta

la bouche
la buche
boca

le menton
le mãntõ
queixo

le nez
le nê
nariz

l'œil/les yeux
leie/lé ziê
olho/s

la joue
la ju
bochecha

la mâchoire
la machoar
maxilar

MÃO

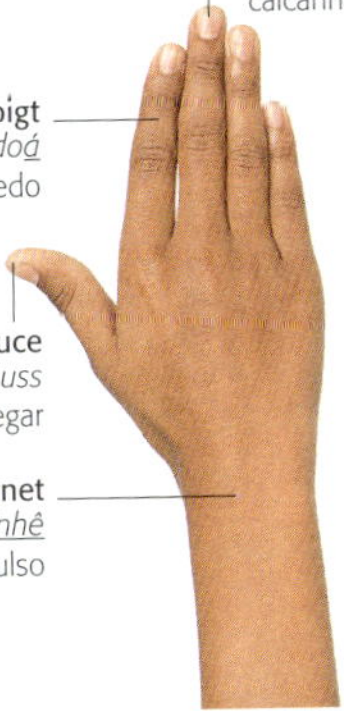

l'ongle
lõngle
unha

le doigt
le doá
dedo

le pouce
le puss
polegar

le poignet
le puanhê
pulso

PÉ

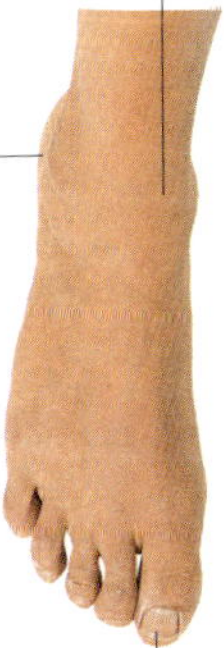

la cheville
la chevie
tornozelo

le talon
le talõ
calcanhar

le doigt de pied
le doá de piê
dedo do pé

SENTIR-SE MAL

Não me sinto bem.	Je ne me sens pas bien. *je ne me sã pa biã*
Me sinto mal.	Je me sens malade. *je me sã malad*
Estou com…	J'ai… *jé*
… dor de ouvido.	… mal à l'oreille. *mall a lorrei*
… dor de estômago.	… mal au ventre. *mall ô vãntrr*
… dor de garganta.	… mal à la gorge. *mall ala gorrj*
… febre.	… de la fièvre. *de la fiévrr*
… febre do feno.	… le rhume des foins. *le rime dé foã*
… prisão de ventre.	Je suis constipé/constipée. *je suí cõnstipê*
… diarreia.	… la diarrhée. *la diarrê*
… dor de dente.	… mal aux dents. *mall ô dã*
Fui picado/a por…	Je me suis fait piquer par… *je me suí fé pikê par*
… uma abelha/vespa.	… une abeille/une guêpe. *ine abeie/ine guép*
… uma água-viva.	… une méduse. *ine mediz*
… uma cobra.	… un serpent. *ã serrpã*
Fui mordido/a por… um cachorro.	Je me suis fait mordre par un chien. *je me suí fé morrdrr par ã xiã*

FERIMENTOS

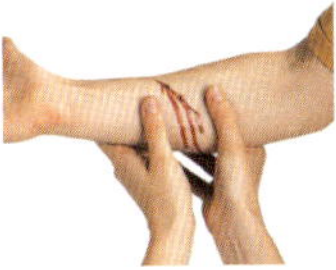

une coupure
ine cupirr
corte

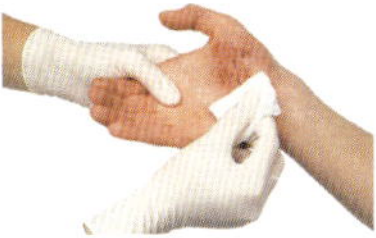

une égratignure
ine egrratinhirr
arranhão

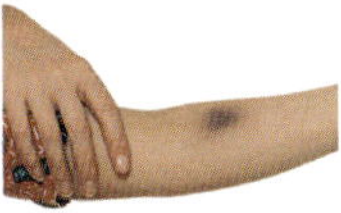

un bleu
ã blê
hematoma

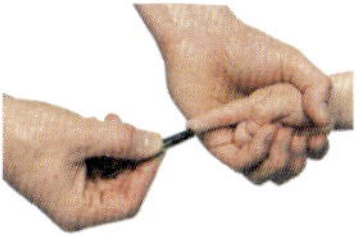

une écharde
ine echárr
farpa

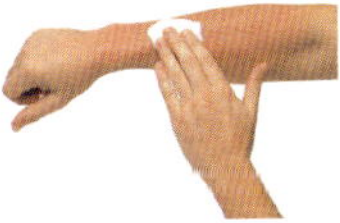

un coup de soleil
ã ku de solei
queimadura de sol

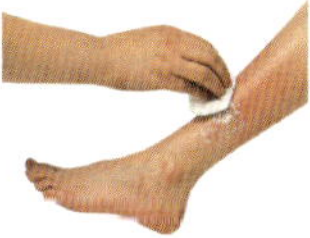

une brûlure
ine brilirr
queimadura

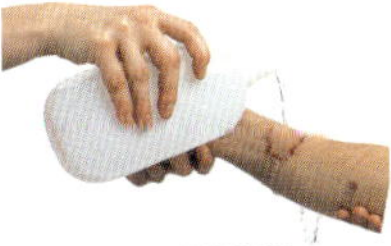

une morsure
ine morrsúrr
mordida

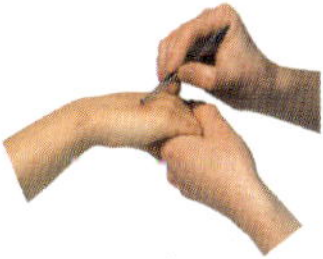

une piqûre
ine pikirr
picada

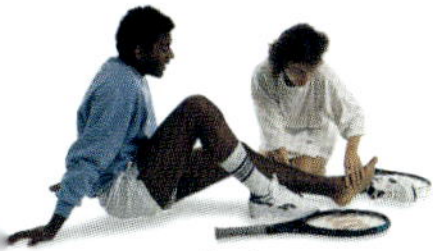

une foulure
ine fullírr
entorse

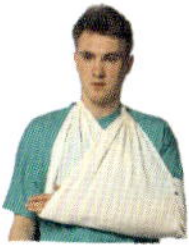

une fracture
ine fractirr
fratura

NO MÉDICO

Preciso ver um médico.	Il faut que je voie un médecin. *il fô ke je voá ã medessã*
Estou/Sou...	Je... *je*
... vomitando.	... vomis. *vomí*
... sangrando.	... saigne. *sénhe*
... me sentindo fraco/a.	... me sens faible. *me sã fébl*
Estou grávida.	Je suis enceinte. *je suí ãnssãnt*
Sou diabético/a.	Je suis diabétique. *je suí diabetic*
Sou epiléptico/a.	Je suis épileptique. *je suí epileptic*
Tenho...	J'ai... *jé*
... artrite.	... de l'arthrite. *de larrtrrit*
... problema cardíaco.	... un problème cardiaque. *ã prroblém carrdiac*
... pressão alta.	... de la tension artérielle. *de la tãnssiõ arrterriéll*

Talvez você ouça...

- **Qu'est-ce qui ne va pas?**
  késski ne va pa
  Qual é o problema?
- **Où avez-vous mal?**
  u avê vu mal
  Onde dói?
- **Je peux vous examiner?**
  je pe vu zexaminê
  Posso examiná-lo/la?

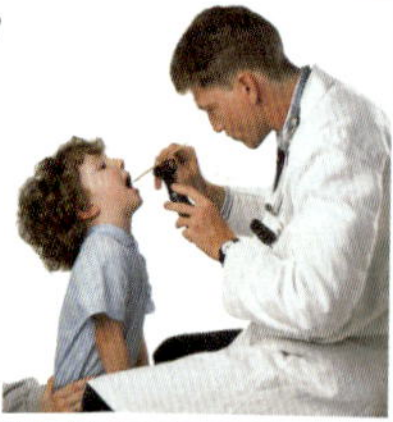

DOENÇA

le mal de tête
le mall de tét
dor de cabeça

le saignement de nez
le senhemã de nê
sangramento nasal

la toux
la tu
tosse

l'éternuement
leterrnimã
espirro

le rhume
le rime
resfriado

la grippe
la grip
gripe

l'asthme
lassm
asma

le mal au ventre
le mall ô vãntrr
cólica

la nausée
la nozê
náusea

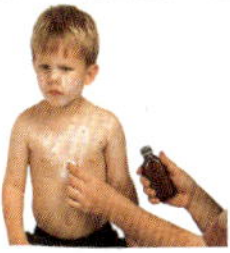

les plaques rouges
lé plac ruj
erupção cutânea

NO HOSPITAL

Pode me ajudar?	Vous pouvez m'aider? *vu puvê médê*
Eu preciso de...	Je voudrais voir... *je vudrré voar*
... um médico.	... un médecin. *ã medessã*
... uma enfermeira.	... une infirmière. *ine ãnfirrmiérr*
Onde fica/ficam...	Où se trouve/trouvent... *u se trruv/trruv*
... o pronto-socorro?	... les urgences? *lé zirjãnss*
... a ala infantil?	... le service de pédiatrie? *le serrviss de pediatrri*
... o setor de raios X?	... le service de radiologie? *le serrviss de radioloji*
... a sala de espera?	... la salle d'attente? *la sall datãnt*

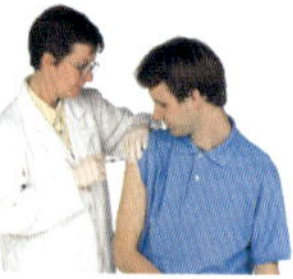

une piqûre
ine pikirr
injeção

un prélèvement de sang
ã prrelevemã de sã
exame de sangue

une radio
ine radiô
radiografia

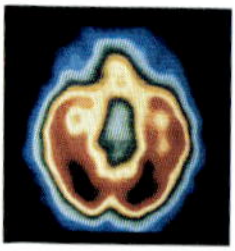

un scanner
ã scãnérr
tomografia, ultrassonografia

... o Centro de Tratamento Intensivo?	...les soins intensifs? *lé soã āntānssif*
... o elevador/escadas?	...l'ascenseur/les escaliers? *lassānssérr/lé zeskalierr*
Quebrei...	Je me suis cassé... je me suí cassê
Eu preciso de...	Il me faut... *il me fô*
... uma injeção?	... une piqûre? *ine pikirr*
... antibióticos?	... des antibiotiques? *dé zāntibiotic*
... cirurgia?	... subir une opération? *sibir ine operassiõn*
Vai doer?	Ça va faire mal? *sa va fér mall*
Qual é o horário de visitas?	Quels sont les horaires de visite? *kéll sõ le zorrérr de visit*

un fauteuil roulant
ã foteí rulã
cadeira de rodas

le bouche à bouche
le buche a buche
reanimação

une attelle
ine atell
tala

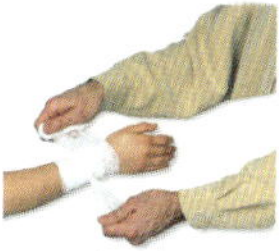

un bandage
ã bāndaj
curativo

EMERGÊNCIAS

Em uma situação de emergência, disque sempre 18 para chamar uma ambulância (*ambulance*) ou os bombeiros (*les pompiers*), ou 17 para contatar a polícia (chamar *la police* nos grandes centros urbanos e *la gendarmerie* em pequenas cidades e vilarejos). Se for vítima de um crime ou perder seu passaporte, cartão de crédito ou dinheiro, comunique o fato à polícia imediatamente.

EM CASO DE EMERGÊNCIA

Socorro!	À l'aide! *a léd*
Vá embora!	Laissez-moi tranquille! *lessê moá trrãnkil*
Largue!	Lâchez-moi! *lachê moá*
Pare! Ladrão!	Arrêtez! Au voleur! *arretê ô volérr*
Chame a polícia!	Appelez la police! *apellê la poliss*
Chame um médico!	Appelez un médecin! *apellê ã medessã*
Eu preciso…	Il me faut… *il me fô*
… da polícia.	… la police. *la poliss*
… dos bombeiros.	… les pompiers. *lé põmpié*
… de uma ambulância.	… une ambulance. *ine âmbilãnss*
É muito urgente.	C'est très urgent. *sé tré zirrjãn*
Onde fica…	Où se trouve… *u se trruv*
… a embaixada britânica?	… l'ambassade du Royaume-Uni? *lãmbassad di roaiômm uní*
… o consulado britânico?	… le consulat britannique? *le cõnsilá brritãnic*
… a delegacia?	… le commissariat? *le comissarriá*
… o hospital?	… l'hôpital? *lôpitall*

ACIDENTES

Preciso dar um telefonema.	Il faut que je passe un coup de fil. *il fô ke je pass ã ku de fill*
Gostaria de notificar um acidente.	Je voudrais faire une déclaration d'accident. *je vudrré fér ine declarrassiõn dacssidãn*
Eu sofri um acidente.	J'ai eu un accident. *jé i ã acssidãn*
O número da placa é...	La plaque d'immatriculation est... *la plac dimatrrikilaciõ é*
Estou em...	Je suis à... *je suí zá*
Venha rápido, por favor!	Venez vite, s'il vous plaît! *venê vit sill vu plé*
Uma pessoa está ferida.	Il y a un blessé. *iliá ã blessê*
Uma pessoa foi atropelada.	Quelqu'un s'est fait renverser. *kellkã sé fé rãnverrsê*
Há um incêndio em...	Il y a un incendie à... *iliá ã nãnsãndi a*
Uma pessoa está presa no prédio.	Quelqu'un est bloqué dans le bâtiment. *kellkãn é blokê dã le batimã*

Talvez você ouça...

- **Quel service désirez-vous?**
  kéll serviss dezirê vu
  De qual serviço você precisa?
- **Que s'est-il passé?**
  ke sé till passé
  O que houve?

SERVIÇOS DE EMERGÊNCIA

l'ambulance
lãmbilãss
ambulância

les pompiers
lé põmpiê
bombeiros

le camion de pompiers
le camiõ de põmpiê
carro de bombeiros

l'alarme incendie
lalarm ãnssãndi
alarme de incêndio

la bouche d'incendie
la buche dãnssãndi
hidrante

l'extincteur
lextãncterr
extintor de incêndio

les menottes
lé menót
algemas

la voiture de police
la voatirr de poliss
viatura de polícia

le policier
le polissiê
policial

POLÍCIA E CRIME

Quero denunciar um crime.	Je voudrais signaler un délit. *je vudrré sinhalê ã delí*
Eu fui roubado/a.	On m'a volé mes affaires. *õ ma volê mé zaférr*
Eu fui atacado/a.	Je me suis fait attaquer. *je me suí fé ataké*
Eu fui agredido/a.	Je me suis fait agresser. *je me suí fé agrressê*
Eu fui estuprado/a.	Je me suis fait violer. *je me suí fé violê*
Eu fui roubado/a. (em prédios ou residências etc.)	Je me suis fait cambrioler. *je me suí fé cãmbrriolê*
Alguém roubou…	On m'a volé… *õ ma volê*
… meu carro.	… ma voiture. *ma voatirr*
… meu dinheiro.	… mon argent. *mõ narrjã*
… meus cheques de viagem.	… mes chèques de voyage. *mé chéke de voaiage*
… meu passaporte.	… mon passeport. *mõ passepórr*

Talvez você ouça...

- C'est arrivé quand?
  sé tarrivê kã
  Quando isso aconteceu?
- Il y a des témoins?
  iliá de temoã
  Alguém viu?
- Il était comment ?
  ill eté komã
  Como aparentava?

Gostaria de falar com...	Je voudrais parler à... *je vudrré parlê a*
... um/a responsável.	... un inspecteur. *ã nãnspecterr*
... uma policial.	... une femme policier. *ine fém polissiê*
Preciso de...	Je voudrais... *je vudrré*
... um advogado.	... un avocat. *ã navocá*
... um intérprete.	... un interprète. *ã nãnterrprrét*
... dar um telefonema.	... passer un coup de fil. *passê ã ku de fill*
Aqui está...	Voici... *voassí*
... minha carteira de motorista.	... mon permis de conduire. *mõ permi de cõnduirr*
... meu seguro.	... mes papiers d'assurance. *mé papiê dassirãnss*
De quanto é a multa?	À combien est l'amende? *A cõmbiã é lamãnd*
Onde posso pagá-la?	Où faut-il payer? *u fô till péiê*

Talvez você ouça...

- **Votre permis, s'il vous plaît.**
  votrr permi sill vu plé
  Sua carteira de motorista, por favor.
- **Vos papiers, s'il vous plaît.**
  vô papiê sill vu plé
  Seus documentos, por favor.

NA OFICINA

Onde fica a oficina mais próxima?	Où se trouve le garage le plus proche? *u se trruv le garrage le pli prôch*
Você faz consertos?	Vous faites les réparations? *vu fét lé reparrassiõ*
Preciso de…	Il me faut… *ill me fô*
… um pneu novo.	… un nouveau pneu. *ã nuvô pne*
… um escapamento novo.	… un nouveau pot d'échappement. *ã nuvô pô dechapmã*
… um para-brisa novo.	… un nouveau pare-brise. *ã nuvô parr briz*
… uma lâmpada nova.	… une nouvelle ampoule. *ine nuvéll ãmpull*
… limpadores de para-brisa novos.	… de nouveaux essuie-glaces. *de nuvô zessuí glass*
Você tem algum/a?	Vous en avez? *vu zã navê*
Pode substituir este/a?	Vous pouvez le remplacer? *vu puvê le rãmplassê*
O/A… não está funcionando.	Le/la… ne fonctionne pas. *le/la… ne fõncsiõn pa*
Há algo errado com o motor.	Il y a un problème au niveau du moteur. *iliá ã prroblém o nivô di moterr*
É sério?	C'est grave? *sé grrav*
Quando vai ficar pronto?	Ça sera prêt quand? *sa serrá pré kã*
Quanto vai custar?	Ça va coûter combien? *sa va cutê cõmbiã*

CARRO ENGUIÇADO

Meu carro enguiçou.	Ma voiture est en panne. *ma voatirr ét ã pann*
Pode me ajudar?	Vous pouvez m'aider? *vu puvê médê*
Venha até...	Vous pouvez venir à... *vu puvê venir a*
Estou com um pneu furado.	J'ai un pneu crevé. *jé ã pne crrevê*
Pode me ajudar a trocar o pneu?	Vous pouvez changer la roue? *vu puvê changê la ru*
Preciso de um pneu novo.	Il me faut un nouveau pneu. *ill me fô ã nuvô pne*
Meu carro não dá a partida.	Ma voiture ne démarre pas. *ma voatirr ne demarr pa*
O motor está superaquecendo.	Le moteur surchauffe. *le moterr sirchôf*
Você pode consertar isso?	Vous pouvez le réparer? *vu puvê le reparrê*
Acabou a gasolina.	Je n'ai plus d'essence. *je né pli dessãss*
Pode me rebocar até a oficina?	Vous pouvez me remorquer jusqu'au garage? *vu puvê me remorrké jiskô garrage*

Talvez você ouça...

- **Qu'est-ce qui ne va pas?**
  késski ne va pa
  Qual é o problema?
- **Vous avez une roue de secours?**
  vu zavê ine ru de secur
  Você tem um estepe?

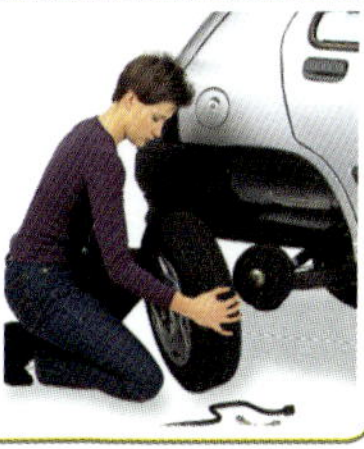

OBJETOS PERDIDOS

Perdi...	J'ai perdu... *jé perdi*
... **meu dinheiro.**	... mon argent. *mõ narrjã*
... **minhas chaves.**	... mes clés. *mé klê*
... **meus óculos.**	... mes lunettes. *mé linét*
Minha bagagem sumiu.	Mes bagages ont disparu. *mé bagaj ã disparri*
Minha mala foi danificada.	Ma valise a été endommagée. *ma valiz a etê ãndomajé*

le portefeuille
le porrtfeie
carteira

le porte-monnaie
le port moné
porta-moedas

la mallette
la malét
pasta

le sac à main
le sac a mã
bolsa

la valise
la valiz
mala

le chèque de voyage
le chéke de voaiage
cheque de viagem

la carte de crédit
la carrt de crre<u>dí</u>
cartão de crédito

le passeport
le passe<u>pórr</u>
passaporte

l'appareil photo
la<u>parréie</u> fo<u>tô</u>
câmera

le téléphone portable
le tele<u>fón</u> porr<u>tabl</u>
celular

Preciso ligar para minha seguradora.	Il faut que je téléphone à mon assurance. *il fô ke je tele<u>fón</u> a mõ nassi<u>rrãss</u>*
Posso bloquear meus cartões de crédito?	Je peux bloquer mes cartes de crédit? *je pe blo<u>kê</u> mé carrt de crre<u>dí</u>*
Meu nome é...	Je m'appelle... *je ma<u>péll</u>*
O número da minha apólice é...	Mon numéro d'adhérent est le... *mõ nimê<u>rrô</u> dade<u>rrã</u> é le*
Meu endereço é...	Mon adresse est... *mõ na<u>drress</u> é*
Meu telefone é...	Mon numéro de téléphone est le... *mõ nimê<u>rrô</u> de tele<u>fón</u> é le*
Meu endereço eletrônico é...	Mon adresse email est... *mõ na<u>drress</u> i<u>mél</u> é*

CARDÁPIO

Esta é uma lista dos termos mais comuns que você vê em cardápios ou quando vai comprar comida. Se não encontrar uma frase exata, procure achar os componentes.

A

abats miúdos
abricot damasco
à emporter para viagem
agneau cordeiro
aiguillette de bœuf bife de alcatra
ail alho
aïoli alho no azeite
à l'ancienne no estilo tradicional
à la broche no espeto
à la boulangère assado no forno com fatias de batatas e cebolas
à la jardinière com legumes sortidos
à la lyonnaise adornado com cebolas
à la marinière cozido em vinho branco
à la normande com molho de creme
à la vapeur no vapor
amande amêndoa
amuse-bouche aperitivo
ananas abacaxi
anchoïade anchovas em pasta de tomate
anchois anchovas
andouillette chouriço de vitela
anguille enguia
à point ao ponto
artichaut alcachofra
asperge aspargo
assiette anglaise prato de frios
au gratin gratinado/a
au vin blanc ao vinho branco
avocat abacate

B

banane banana
barbue rodovalho (peixe)
basilic manjericão
bavaroise tipo de musse
béarnaise com molho de béarnaise
bécasse galinhola
béchamel molho branco
beignet sonho
betterave beterraba
beurre manteiga
beurre d'anchois patê de anchovas
beurre noir manteiga escurecida
bien cuit bem passado/a
bière cerveja
bière à la pression chope
bière blonde cerveja clara
bière brune cerveja escura
bière panachée cerveja com soda
bifteck filé
bisque sopa de peixe
blanquette de veau picadinho de vitela
bleu malpassado/a
bleu d'auvergne queijo azulado de Auvergne
bœuf bourguignon carne cozida em vinho tinto
bœuf braisé carne grelhada
bœuf en daube carne estufada
bœuf miroton guisado de carne e cebola
bœuf mode guisado de carne e cenoura
bolet boleto (cogumelo)

bonne femme estilo tradicional de "comida caseira"
bouchées tortinhas estufadas
boudin blanc salsichão
boudin noir morcela
bouillabaisse sopa de frutos do mar
bouilli fervido/a
bouillon caldo
bouillon de légumes caldo de legumes
bouillon de poule caldo de galinha
boulette almôndega
bouquet rose camarão-rosa
bourride sopa de peixe
brandade bacalhau com purê e alho
brioche pãozinho macio
brochet linguado (peixe)
brochette espetinho
brugnon nectarina
brûlot aguardente flambada com açúcar
brut muito seco

C

cabillaud bacalhau
café café (preto)
café au lait café com leite
café complet café da manhã completo
café crème café com creme
café glacé café gelado
café liégeois café gelado com creme
caille codorna
calamar, calmar lula
calvados aguardente de maçã
canard pato
canard laqué pato-de-pequim
caneton patinho
cantal queijo de Auvergne
câpres alcaparras
carbonnade carne cozida na cerveja
cari curry
carotte cenoura
carottes Vichy cenouras com salsa e manteiga
carpe carpa
carré d'agneau costeletas de cordeiro
carrelet tipo de linguado
carte cardápio, carta
carte des vins carta de vinhos
casse-croûte lanche
cassis groselha-preta
cassoulet cozido de feijão com pato e porco
céleri/céleri rave aipo-rábano
céleri en branches aipo, salsão
cèpe tipo de cogumelo
cerise cereja
cerises à l'eau de vie cerejas em aguardente
cervelle miolo
chabichou queijo de leite de cabra e vaca
chablis vinho branco seco da Borgonha
champignon cogumelo
champignon de Paris cogumelo-paris
chanterelle tipo de cogumelo
chantilly chantilly
charcuterie frios
charlotte charlote (bolo de frutas com creme e biscoitos)
chasseur com cogumelos e ervas
chausson aux pommes torta de frutas de maçã
cheval cavalo
chèvre queijo de cabra
chevreuil cabrito
chicorée escarola
chocolat chaud chocolate quente
chocolat glacé chocolate gelado
chou repolho
chou à la crème pastel de nata
choucroute chucrute com salsicha e presunto
chou-fleur couve-flor

chou rouge repolho-roxo
choux de Bruxelles couve-de-bruxelas
cidre cidra
citron limão
citron pressé suco de limão
clafoutis pudim de frutas
cochon de lait leitão
cocotte cozido na caçarola
coing marmelo
colin merlúcio (peixe)
compote compota
comté queijo duro de Jura
concombre pepino
confit de canard pato conservado na gordura
confit d'oie ganso conservado na gordura
confiture geleia
congre congro (peixe)
consommé caldo
coq au vin frango ao vinho tinto
coque amêijoa
coquilles Saint-Jacques vieiras
côte de porc bisteca de porco
côtelette costeleta
cotriade bretonne sopa de peixe da Bretanha
coulis molho ou purê
coulommiers queijo macio e cremoso
crabe caranguejo
crème creme
crème à la vanille pudim de baunilha
crème anglaise creme inglês
crème d'asperges sopa-creme de aspargos
crème de bolets sopa-creme de boletos (cogumelos)
crème de volaille sopa-creme de galinha
crème d'huîtres sopa-creme de ostras
crème pâtissière confeito com creme
crème renversée creme de ovos com caramelo
crème vichyssoise sopa fria de batata e alho-poró
crêpe panqueca
crêpe de froment panqueca de trigo
crêpes Suzette panqueca flambada com calda de laranja
crépinette tipo de salsicha
cresson agrião
crevette grise camarão-cinza
crevette rose camarão-rosa
croque-madame misto quente com ovo frito
croque-monsieur misto quente
crottin de Chavignol queijinho de cabra
crustacés crustáceos
cuisses de grenouille coxas de rã

D

dartois massa folhada recheada
daurade pargo (peixe)
dégustation degustação
digestif digestivo (licor)
dinde peru
doux doce

E

eau minérale gazeuse água mineral com gás
eau minérale plate água mineral sem gás
échalote echalota
écrevisse pitu
endive endívia
en papillote assado em papel ou papel-alumínio
entrecôte costela
entrecôte maître d'hôtel costela com manteiga e salsa
entrée entrada
entremets pratos do meio
épaule d'agneau farcie dianteiro de cordeiro recheado
épinards espinafre
escalope de veau milanaise escalope de vitela com

molho de tomate
escalope panée bife à milanesa
escargot escargôt
estouffade de bœuf bife de panela
estragon estragão

F

faisan faisão
farci recheado/a
fenouil erva-doce
fève fava
filet filé
filet de bœuf Rossini filé mignon com patê de fígado
filet de perche filé de perca (peixe)
fine conhaque puro
fines herbes ervas finas
flageolets feijão verde
flan flã
foie de veau fígado de vitela
foie gras patê de fígado de ganso
foies de volaille fígado de galinha
fonds d'artichaut fundo de alcachofra
fondue bourguignonne fondue de carne
fondue savoyarde fondue de queijo
forestier com cogumelos
fraise morango
fraise des bois morango silvestre
framboise framboesa
frisée alface crespa
frit frito/a
frites batatas fritas
fromage queijo
fromage blanc queijo branco
fromage de chèvre queijo de cabra
fruits de mer frutos do mar
fumé defumado

G

galantine galantina
galette tipo de bolo redondo e chato
garbure sopa grossa
garni com batatas e/ou legumes
gâteau bolo, docinho
gaufre waffle
gelée gelatina
Gewürztraminer vinho branco seco da Alsácia
gibier caça
gigot d'agneau pernil de cordeiro
girolle tipo de cogumelo
glace sorvete
gougère pão de queijo
goujon cadoz (peixe)
gratin gratinado/a
gratin dauphinois batata fatiada assada em leite, creme e queijo
gratinée sopa de cebola no forno
grillé grelhado/a
grondin roncador (peixe)
groseille rouge groselha vermelha

H

hachis parmentier escondidinho (carne moída com purê de batata)
hareng mariné arenque marinado
haricots feijão
haricots blancs feijão-branco
haricots verts vagem
homard lagosta
hors-d'œuvre entrada
huître ostra

I, J

îles flottantes ovos nevados
infusion infusão, chá
jambon presunto
jambon de Bayonne presunto defumado
julienne sopa com legumes picados
jus de fruits suco de frutas

K, L

kir vinho branco com licor de cassis
kir royal champanhe com licor de cassis
kirsch aguardente de cereja
lait leite
laitue alface
langouste lagosta
langoustine lagostim
lapereau láparo
lapin coelho
lapin de garenne coelho silvestre
lard bacon
lardon pequeno cubo de bacon
légume legume
lentilles lentilhas
lièvre lebre
limande linguado (peixe)
livarot queijo macio, forte
lotte lota (peixe)
loup de mer perca-do-mar

M

macédoine de légumes seleta de legumes
mâche salada verde
maison caseiro
mangue manga
maquereau cavala
marc grapa
marcassin javali novo
marchand de vin em molho de vinho tinto
marjolaine manjerona
marron castanha
massepain marzipã
menthe hortelã, menta
menthe à l'eau menta com água
menu du jour cardápio do dia
menu gastronomique cardápio gastronômico
menu touristique cardápio turístico
merlan pescada-branca
mesclun salada de folhas escuras
millefeuille mil-folhas
millésime safra
morille tipo de cogumelo comestível
morue bacalhau
moules mexilhões
moules marinière mexilhões em vinho branco
mousseline musse de peixe
mousseux espumante
moutarde mostarda
mouton carneiro
mulet tainha
munster queijo forte
mûre amora
muscade noz-moscada
Muscadet vinho branco seco
myrtille mirtilo

N

nature simples
navarin ensopado de carneiro com legumes
navet nabo
noisette avelã
noisette d'agneau medalhão de cordeiro
noix frutos secos, nozes
nouilles talharim

O

œuf à la coque ovo quente
œuf dur ovo cozido duro
œuf mollet ovo cozido mole
œuf poché ovo pochê
œufs brouillés ovos mexidos
œuf sur le plat ovo frito
oie ganso
oignon cebola
omelette au naturel omelete simples
omelette paysanne omelete com batatas e bacon
orange pressée suco de laranja
oseille azedinha
oursin ouriço-do-mar

P

pain pão
pain au chocolat croissant de chocolate
pain complet pão integral
pain de seigle pão de centeio
palette de porc paleta de porco
palourde marisco
pamplemousse toranja
pastis bebida alcoólica com sabor de aniz
pâte brisée massa podre
pâté de canard patê de pato
pâté de foie de volaille patê de fígado de ave
pâte feuilletée massa folhada
pâtes massas (macarrão)
pêche pêssego
perdreau perdigão novo
perdrix perdiz
persillade salsa e alho picados bem fino
petite friture manjuba frita
petit pain pãozinho
petit pois ervilha
petits fours petit fours
petit salé porco salgado
petit suisse queijo branco
pied de porc pé de porco
pigeonneau pombo novo
pignatelle bolinho de queijo
pignon pinhole
pilaf de mouton pilaf de carneiro
pintade galinha-d'angola
piperade prato de ovos, tomates e pimentões
pissaladière provençale pizza à provençal
pissenlit dente-de-leão
pistache pistache
pistou molho de manjericão e alho
plat du jour prato do dia
plateau de fromages tábua de queijos
pochouse ensopado de peixe com vinho branco
poire pera
poireau alho-poró
pois chiches grão-de-bico
poisson peixe
poivre pimenta
poivron pimentão
pomme maçã
pomme de terre batata
pommes de terre à l'anglaise batata cozida
pommes de terre en robe de chambre/des champs batata assada com casca
pommes de terre sautées batata salteada
pommes frites batatas fritas
pommes paille batata palha
pommes vapeur batatas no vapor
porc porco
potage sopa
potage bilibi sopa de peixe e ostra
potage Crécy sopa de arroz e cenoura
potage cressonnière sopa de agrião
potage Esaü sopa de lentilha
potage parmentier sopa de batata e alho-poró
potage printanier sopa de legumes
potage Saint-Germain sopa de ervilhas
potage velouté sopa cremosa
potiron abóbora
pot-au-feu ensopado de carne e legumes
potée ensopado de legumes com carne
Pouilly-Fuissé vinho branco seco da Borgonha
poule au pot panelada de frango e legumes
poulet basquaise frango com ratatouille
poulet chasseur frango à caçadora
poulet créole frango com

leite de coco e arroz
poulet fermier frango caipira
poulet rôti frango assado
praire marisco
printanier com legumes da primavera
provençale com tomate, alho e ervas
prune ameixa
pruneau ameixa seca
purée purê de batata

Q

quenelle bolinho de carne ou peixe
queue de bœuf rabada
quiche lorraine torta de ovos, bacon e creme

R

raclette prato de queijo suíço derretido
radis rabanete
ragoût ragu, ensopado
raie arraia
raie au beurre noir arraia na manteiga
raifort raiz-forte
raisin uva
râpé ralado/a
rascasse peixe-escorpião
ratatouille ensopado de pimentão, abobrinha, berinjelas e tomate
ravigote molho verde e picante
reblochon queijo forte de Saboia
rémoulade maionese com ervas, mostarda e alcaparras
rigotte queijinho de cabra de Lyon
rillettes patê de carne de porco ou de ganso
ris de veau moleja de vitela
riz arroz
riz pilaf arroz com carne ou frutos do mar
rognon rim
roquefort queijo roquefort
rôti assado, carne assada
rouget tainha (peixe)
rouille molho de peixe apimentado

S

sabayon zabaione (gema de ovo batida em vinho Marsala)
sablé tipo de bolo seco
saignant malpassado
saint-honoré bolo folhado com creme
Saint-marcellin queijo de cabra
salade composée salada mista
salade russe legumes picados com maionese
salade verte salada verde
salmis guisado de caça
salsifis salsifi (erva)
sanglier javali
sauce aurore molho branco com purê de tomate
sauce béarnaise molho espesso de ovos e manteiga
sauce blanche molho branco
sauce gribiche molho com ovos cozidos
sauce hollandaise molho de ovos, manteiga e vinagre, para peixes
sauce Madère molho Madeira
sauce matelote molho de vinho
sauce Mornay molho branco com queijo
sauce mousseline molho holandês com creme
sauce poulette molho de gemas e cogumelos
sauce ravigote molho com cebolinha-branca e ervas
sauce suprême molho cremoso
sauce tartare maionese

com ervas e picles
sauce veloutée molho branco com gema e creme
sauce vinot molho de vinho
saucisse salsicha
saucisse de Francfort salsicha de cachorro-quente
saucisse de Strasbourg salsicha de carne de boi
saucisson salame
sauge sálvia
saumon salmão
saumon fumé salmão defumado
Sauternes vinho branco doce
savarin pão de ló com rum
sec seco/o
seiche siba (molusco)
sel sal
service (non) compris serviço (não) incluso
sole bonne femme linguado em vinho branco e cogumelos
sole meunière linguado enfarinhado e frito na manteiga
soupe sopa
soupe au pistou creme de legumes com manjericão
steak au poivre filé com pimenta-do-reino
steak frites filé com fritas
steak haché picadinho de carne
steak tartare bife tártaro
sucre açúcar
suprême de volaille frango em molho cremoso

T

tanche tenca (peixe)
tapenade pasta de azeitonas ou anchovas
tarte torta
tarte frangipane torta de creme de amêndoa
tartelette tortinha
tarte Tatin torta de maçã
tartine pão com manteiga
tendrons de veau peito de vitela
terrine patê
tête de veau cabeça de vitela
thé chá
thé à la menthe chá de hortelã
thé au lait chá com leite
thé citron chá de limão
tian legumes assados
thon atum
tomates farcies tomates recheados
tome de Savoie queijo de Saboia
tournedos turnedô (bifes redondos e macios servidos com molho)
tourte empadão
tourteau tipo de caranguejo
tripes à la mode de Caen dobradinha com legumes
truffe trufas
truite au bleu truta escaldada
truite aux amandes truta com amêndoas
truite meunière trutas enfarinhada e frita na manteiga

V, Y

Vacherin queijo macio e forte do Jura
vacherin glacé sorvete com suspiro
vanille baunilha
veau vitela
velouté de tomate sopa-creme de tomate
vermicelle vermicelli (massa muito fina)
viande carne de vaca
vin vinho
vinaigrette vinagrete
vin blanc vinho branco
vin de pays vinho da região
vin de table vinho de mesa
vin rosé vinho rosê
vin rouge vinho tinto
volaille carne de aves
VSOP conhaque envelhecido
yaourt iogurte

MINIDICIONÁRIO

PORTUGUÊS-FRANCÊS

O gênero dos substantivos em francês é indicado pelas abreviaturas **(m)** e **(f)** para o masculino e o feminino. Os substantivos no plural aparecem com **(m pl)** ou **(f pl)**. Os adjetivos variam conforme o gênero e o número da palavra que descrevem. Aqui é mostrada a forma masculina singular, seguida pela feminina.

A

a bordo **bord: à bord**
a mim **me**
abaixo, sob **en-dessous**
abelha **abeille**
aberto/a **ouvert/ouverte**
abotoaduras **boutons de manchette (m pl)**
abridor de lata **ouvre-boîte (m)**
abril **avril**
abrir **ouvrir**
academia **gym (f)**
acampar **camper**
acender **allumer**
acesso para cadeira de rodas **accès handicapés (m)**
acidente **accident (m)**
acidente de carro **accident de voiture (m)**
acima **au-dessus de**
acontecer **passer: se passer**
açougue **boucherie (f)**
açucarado/a **sucré/sucrée**
adoçante artificial **édulcorant (m)**
adulto **adulte (m)**
advogado **avocat (m)**
aerobarco **aéroglisseur (m)**
aeróbica **aérobic (f)**
aeroporto **aéroport (m)**
agência de correio **poste (f)**
agosto **août**
agradecer **remercier**
água **eau (f)**
água-viva **méduse (f)**
ainda **encore**
alarme de incêndio **alarme incendie (f)**
álbum de fotografia **album photo (m)**
aldeia, vilarejo **village (m)**
alérgico **allergique**
alfaiate **tailleur (m)**
algemas **menottes (f pl)**
alguém **quelqu'un**
alguma coisa **quelque chose**
alguns/algumas **quelques**
ali **là-bas**
alimento **nourriture (f)**
almoço **déjeuner (m)**
alto **haut**
no alto **en haut**
alto/a **grand/grande**
alugar **louer**
aluguel de veículos **location de voiture (f)**
amanhã **demain**
amar **adorer**
amarelo **jaune**
ambulância **ambulance (f)**
amigo/a **ami/amie (m/f), copain/copine (m/f)**
analgésico **analgésique (m)**
ancoradouro **bassin d'amarrage (m)**
andar a cavalo **l'équitation (f)**
andar, caminhar **marcher**
animal de estimação **animal de compagnie (m)**
ano **année (f)**
antes **avant**
antibiótico **antibiotiques (m pl)**
antisséptico bucal **bain de bouche (m)**
ao lado **côté: à côté**
aparelho de som; rádio **radio (f)**
apartamento **appartement (m)**
apertado/a **serré/serrée**

apoio de braço **accoudoir (m)**
apoio de cabeça **appui-tête (m)**
apólice de seguros **police d'assurance (f)**
aposentado/a **retraité/retraitée**
apressado/a **pressé/pressée**
aquele **cela**
aqui **ici**
ar-condicionado **climatisation (f)**
areia **sable (m)**
arranhão **égratignure (f)**
arte **art (m)**
artrite **arthrite (f)**
às vezes **quelquefois**
asma **asthme (m)**
assadeira **plaque de cuisson (f)**
assaltar **cambrioler**
assento, lugar **siège (m)**
assento na janela **place fenêtre (f)**
assento no corredor **place couloir (f)**
assento para criança **siège enfant (m)**
assinar **signer**
atadura **bandage (m)**
até **jusqu'à**
até logo **au revoir**
atrás; por trás **derrière**
atrasado/a **en retard**
atraso **retard**
através **travers, à**
atravessar **traverser**
atropelar **renverser**
audioguia **guide audio (m)**
Austrália **Australie (f)**
autoestrada **autoroute (f)**
pane, avaria **panne (f)**
avental **tablier (m)**
avião **avion (m)**
azul **bleu/bleue**

B

bagageiro **galerie (f)**
bagagem **bagages (m pl)**
bagagem de mão **bagage à main (m)**
bagagem permitida (peso) **nombre de bagages autorisé (m)**
balcão **bureau (m)**
balde **seau (m)**
balé **ballet (m)**
balsa **ferry (m)**
banca de jornal **tabac-presse (m)**
banco **banque (f)**
banheiro **salle de bain (f)**
banheiro **toilettes (f pl)**
banho **bain (m)**
bar **bar (m)**
barato/a **bon marché**
barbante **ficelle (f)**
barbeador elétrico **rasoir électrique (m)**
barbear (se) **raser: se raser**
barco a remo **barque (f)**
barco **bateau (m)**
barco de passeio **bateau de plaisance (m)**
barraca **tente (f)**
bastões **bâtons (m pl)**
batedor **fouet (m)**
bateria (de carro) **batterie (f)**
bebida **boisson (f)**
beisebol **baseball (m)**
belo/a **beau/belle**
bem; bom **bien**
bem-vindo/a **bienvenue**
berço **lit enfants (m)**
bicicleta **vélo (m); vélo de ville (m)**
bicicleta ergométrica **vélo d'appartement (m)**
bidê **bidet (m)**
bilhete **billet (m)**
bilhete de ida **aller simple (m)**
bilhete de ida e volta **aller-retour (m)**
bilhete de teleférico **forfait (m)**
bilhete **ticket (m)**
bilheteria automática **guichet automatique (m)**
biquíni **bikini (m)**
boa noite **bonsoir, bonne nuit**
boca **bouche (f)**
bochecha **joue (f)**
boia **bouée de sauvetage (f)**

bola de golfe **balle de golf (f)**
bola de praia **ballon de plage (m)**
bola de tênis **balle de tennis (f)**
bolsa **sac à main (m)**
bom/boa **bon/bonne**
bomba (pneu) **pompe (f)**
bombeiros **pompiers (m pl)**
boneca **poupée (f)**
bonito/a **joli/jolie**
bota (calçado) **botte (f)**
bota de caminhada **chaussures de marche (f pl)**
bote **bateau gonflable (m)**
braço **bras (m)**
branco/a **blanc/blanche**
Brasil **Brésil**
brasileiro/a **brésilien/enne**
brilhante **brillant/brillante**
brinquedo de pelúcia **peluche (f)**
brinquedo **jouet (m)**
brinquedos **manèges (m pl)**
britânico/a **britannique**
bússola **boussole (f)**
busto **buste (m)**
butique **boutique (f)**
buzina **klaxon (m)**

C

cabeça **tête (f)**
cabelos **cheveux (m pl)**
cabide **porte-manteau (m)**
cabine **cabine (f); compartiment (m)**
cabine telefônica **cabine téléphonique (f)**
caçarola **marmite (f)**
cachoeira **cascade (f)**
cada **chaque**
cadeira de praia **transat (m)**
cadeira de teleférico **télésiège (m)**
cadeirão **chaise haute (f)**
café **café (m)**
café da manhã **petit-déjeuner (m)**
caixa **boîte (f)**
caixa eletrônico **distributeur (m)**
caixas (de supermercado) **caisses (f pl)**
calcanhar **talon (m)**
calção **short (m)**
calmo/a **calme**
cama **lit (m)**
cama de casal **lit à deux places (m)**
camas de solteiro **lits jumeaux (m pl)**
câmera **appareil photo (m)**
câmera digital **appareil photo numérique (m)**
caminhar; fazer trilhas **partir en randonnée**
caminho **chemin (m)**
camisa **chemise (f)**
camping **terrain de camping (m)**
camping para trailers **terrain pour caravanes (m)**
campo de golfe **terrain de golf (m)**
Canadá **Canada (m)**
canal (TV) **chaîne (f)**
caneta **stylo (m)**
canoa **canoë (m)**
cantor/a **chanteur/chanteuse (m/f)**
cão **chien (m)**
capacete de ciclismo **casque de vélo (m)**
cápsula **capsule (f)**
cardápio **menu (m)**
carimbo **timbre (m)**
carne de vaca **viande (f)**
caro/a **cher/chère**
carregador **porteur (m)**
carregar **porter**
carrinho **chariot (m)**
carro **voiture (f)**
carro de bombeiros **camion de pompiers (m)**
cartão de crédito **carte de crédit (f)**
cartão de embarque **carte d'embarquement (f)**
cartão de memória **carte mémoire (f)**
cartão telefônico **carte de téléphone (f)**
cartão-postal **carte postale (f)**

carteira **portefeuille (m)**
carteira de estudante **carte d'étudiant (f)**
carteira de habilitação **permis de conduire (m)**
carteira de identidade **pièce d'identité (f)**
carteiro **facteur (m)**
casa **maison (f)**
casa noturna **boîte de nuit (f)**
casaco **manteau (m)**
casado/a **marié/mariée**
cassino **casino (m)**
castelo **château (m)**
catamarã **catamaran (m)**
catedral **cathédrale (f)**
CD player **baladeur CD (m)**
cedo **tôt**
celular **téléphone portable (m)**
cem **cent**
centro **centre (m)**
centro da cidade **centre-ville (m)**
centro de informações turísticas **office du tourisme (m)**
centro de tratamento intensivo **unité de soins intensifs (f)**
centro esportivo **complexe sportif (m)**
centro **milieu (m)**
cerveja **bière (f)**
cesta de piquenique **panier de pique-nique (m)**
cesto/a **panier (m)**
chaleira **bouilloire (f)**
chaleira de camping **bouilloire de camping**
chamar **appeler**
chapéu de sol **chapeau de paille (m)**
chave **clé (f)**
check-in **enregistrement (m)**
chegar **arriver**
cheio/a **plein/pleine**
cheque **chèque (m)**
cheque de viagem **chèque de voyage (m)**
chover **pleuvoir**
churrasqueira **barbecue (m)**
cidade **ville (f)**
cigarro **cigarette (f)**
cinco **cinq**
cinema **cinéma (m)**
cinto **ceinture (f)**
cirurgia **opération (f)**
classe executiva **classe affaires (f)**
clube de jazz **club de jazz (m)**
cobertor **couverture (f)**
cobra **serpent (m)**
cobrar **facturer**
colar **collier (m)**
colchão **matelas (m)**
colete salva-vidas **gilet de sauvetage (m)**
colher **cuiller (f)**
colher de chá **cuiller à café (f)**
colher de sobremesa **cuiller à dessert (f)**
com **avec**
com licença **pardon**
comer **manger**
comigo **moi**
comissária de bordo **hôtesse de l'air (f)**
como? **comment?**
como; igual a **comme**
companhia de seguros **compagnie d'assurance (f)**
comprar **acheter**
comprimido **cachet (m)**
computador **ordinateur (m)**
concerto **concert (m)**
condicionador **après-shampooing (m)**
conectado **en ligne**
conectar (se) **connecter: se connecter**
congestionamento **bouchon (m)**
conhecer **connaître**
conseguir **pouvoir**
consertar **réparer**
cônsul **consul (m)**
consulado **consulat (m)**
consulta **rendez-vous (m)**
consultório médico **cabinet médical (m)**

conta **addition (f)**
conta bancária **compte en banque (m)**
conteúdo **contenu (m)**
controle de passaporte **contrôle des passeports (m)**
controle remoto **télécommande (f)**
convidado **invité (m)**
copo **verre (m)**
cor **couleur (f)**
corda **ficelle (f)**
corpo **corps (m)**
correto/a **vrai**
cortador de unha **coupe-ongle (m)**
corte **coupure (f)**
costa **côte (f)**
costas (corpo) **dos (m)**
cotovelo **coude (m)**
cozinha **cuisine (f)**
creme **crème (f)**
criança **enfant (m)**
crime **crime (m)**
cruzeiro **croisière (f)**
curativo adesivo **pansement (m)**
cybercafé **cybercafé (m)**

D

dançar **danser**
danificado/a **endommagé/endommagée**
dar **donner**
dar queixa **porter plainte**
de **de**
de novo **encore**
dedo **doigt (m)**
dedo (do pé) **doigt de pied (m)**
deficiente **handicapé (m)**
deixar **quitter**
dele/a; seu/sua; seus/suas **leur/leurs**
delegacia **commissariat (m)**
delicatéssen **charcuterie (f)**
delicioso/a **délicieux/délicieuse**
dente **dent (f)**
dentista **dentiste (m)**
dentro **dans**
denúncia **rapport (m)**
denunciar **dénoncer**
depois **après**
depositar **déposer**
depósito **caution (f); dépôt (m)**
descascador **économiseur (m)**
descer **descendre**
desconectar (se) **déconnecter; se déconnecter**
desconto **réduction (f)**
desenho **dessin (m)**
desligar, apagar **éteindre**
desodorante **déodorant (m)**
desolado/a **désolé/désolée**
detector de fumaça **détecteur de fumée (m)**
detergente **détergent (m)**
detestar **détester**
dever (verbo) **devoir**
dez **dix**
dezembro **décembre**
dia **jour (m)**
diabético/a **diabétique**
diarreia **diarrhée (f)**
diesel **diésel (m)**
dinheiro **argent (m)**
dinheiro vivo **liquide (m)**
direita (sentido) **droite**
dirigir **conduire**
divertir (se) **amuser, s'amuser**
divorciado/a **divorcé/divorcée**
dizer **dire**
documentos de identidade **papiers d'identité (m pl)**
doença **maladie (f)**
doente **malade**
dois **deux**
dolorido/a **douloureux/douloureuse**
domingo **dimanche**
dor de cabeça **mal de tête (f)**
dor de dente **mal de dents (m)**
dor de estômago **mal au ventre (m)**
dor **douleur (f)**
doze **douze**
ducha **douche (f)**

durante **pendant**
duty-free **magasin hors taxe (m)**
DVD player **lecteur de DVD (m)**

E

e **et**
efeito colateral **effet secondaire (m)**
ela **elle**
ele **il**
eletricidade **électricité (f)**
eletricista **électricien (m)**
elevador **ascenseur (m)**
em **à**
em frente de **devant**
e-mail **email (m)**
embaixada **ambassade (f)**
embrulhar (para presente) **faire un paquet-cadeau**
encantado/a **enchanté/enchantée**
encher **remplir**
encontrar **trouver**
endereço **adresse (f)**
endereço eletrônico **adresse email (f)**
enfermeira **infirmière (f)**
ensolarado/a **ensoleillé/ensoleillée**
então **alors**
entender **comprendre**
entorse **foulure (f)**
entrada **entrée (f)**
envelope **enveloppe (f)**
enviar **envoyer**
epiléptico/a **épileptique**
equipamento **équipement (m)**
erro **erreur (f)**
erupção cutânea **plaques rouges (f pl)**
escada **escaliers (m pl)**
escapamento **pot d'échappement (m)**
escorredor **passoire (f)**
escova **balai (m)**
escova de cabelo **brosse (f)**
escova de dente **brosse à dents (f)**
escovar **brosser**
escritório **bureau (m)**
escutar **écouter**
esfregão **serpillère (f)**
especialidade **spécialité (f)**
esperar **attendre**
espirrar **éternuer**
esporte **sport (m)**
esportes aquáticos **sports aquatiques (m pl)**
esposa **épouse (f)**
espreguiçadeira **chaise longue (f)**
espuma de banho **bain moussant (m)**
espuma de barbear **mousse à raser (f)**
esquecer **oublier**
esquerda (sentido) **gauche**
esqui aquático **ski nautique (m)**
esquiar **skier**
esquis **skis (m pl)**
estaca **piquet (m)**
estação de metrô **station de métro (f)**
estação ferroviária **gare (f)**
estação **saison (f)**
estacionamento para deficientes **place de parking réservée aux handicapés (f)**
estacionamento **parking (m)**
Estados Unidos **États-Unis**
estátua **statue (f)**
este/a **ce**
estepe **roue de secours (f)**
estojo para câmera **étui (m)**
estômago **estomac (m)**
estrada; caminho **route (f)**
estudante **étudiant/étudiante (m/f)**
estupro **viol (m)**
esvaziar **vider**
etiqueta (de bagagem) **étiquette (f)**
eu **je**
euro **euro (m)**
exame de sangue **analyse sanguine (f)**
examinar **examiner**
excursão **tour (m)**
extensão (cabo) **rallonge (f)**

extintor de incêndio **l'extincteur (m)**
extra **en plus**

F

faca **couteau (m)**
faixa de pedestres **passage piétons (m); traversée (f)**
falar **parler**
falso/a; errado/a **faux/fausse**
família **famille (f)**
farmacêutico **pharmacien (m)**
farmácia **pharmacie (f)**
farol (no mar e de carro) **phare (m)**
farpa **écharde (f)**
fatia **part (f)**
faxineira **femme de ménage (f)**
fazer **faire**
febre do feno **rhume des foins (m)**
fechado/a **fermé/fermée**
fechar **fermer**
fechar a chave **fermer à clé**
feliz **heureux/heureuse**
feriado **jour férié (m)**
férias **vacances (f pl)**
ferir **blesser**
ferro de passar roupa **fer à repasser (m)**
ferrovia **chemin de fer (m)**
ferryboat **ferry (m)**
fevereiro **février**
ficar **rester**
filme (câmera) **pellicule (f)**
filme (cinema) **film (m)**
fim de semana **week-end (m)**
fita adesiva **scotch (m)**
flash **flash (m)**
fogareiro **réchaud (m)**
folheto **prospectus (m)**
fora **dehors**
formulário **fiche (f)**
forno **four (m)**
fósforo **allumette (f)**
fotografia **photo (f)**
fotografia com flash **photographie au flash (f)**
francês/a **français/française**
fratura **fracture (f)**
frequentemente **souvent**
fresco/a **frais/fraîche**
frigideira **poêle (f)**
frigobar **mini bar (m)**
frio/a **froid/froide**
fumar **fumer**
furado/a **crevé/crevée**
futebol **football (m)**

G

galeria (teatro) **balcon (m)**
galeria de arte **galerie d'art (f)**
garantia **guarantie (f)**
garçom **serveur (m)**
garçonete **serveuse (f)**
garfo **fourchette (f)**
garganta **gorge (f)**
garrafa **bouteille**
garrafa térmica **bouteille thermos (f)**
gás **gaz (m)**
gasolina **essence (f)**
gel de banho **gel douche (m)**
geladeira com freezer **réfrigérateur (m)**
gelo **glace (f)**
gente, pessoas **gens (m pl)**
gerente de banco **banquier (m)**
golfe **golf (m)**
gostar **aimer**
Grã-Bretanha **Grande-Bretagne (f)**
grande **grand/grande**
gratuito/a **gratuit/gratuite**
grau **degrés**
grávida **enceinte**
grelha **gril (m)**
gripe **grippe (f)**
grupo **groupe (m)**
guarda de trânsito **agent de circulation (m)**
guarda-chuva **parapluie (m)**
guardanapo **serviette (f)**
guardar **garder**
guarda-sol **parasol (m)**
guarda-volume **consigne (f)**
guia (livro) **guide (m)**

H

há **il y a**
hatch **hayon (m)**

hidrante **bouche d'incendie**
hidrofólio **hydroglisseur (m)**
hoje **aujourd'hui**
homem **homme (m)**
hora **heure (f)**
horário de funcionamento **horaires d'ouverture (m pl)**
horários (tabela de) **horaires (m pl)**
horários de visita **horaires de visite (m pl)**
hospital **hôpital (m)**
hotel **hôtel (m)**

I

iate **yacht (m)**
iatismo **faire de la voile**
idoso/a **personne âgée (f)**
igreja **église (f)**
impermeável **imperméable (m)**
imprimir **imprimer**
inalador **inhalateur (m)**
inglês/esa **anglais/anglaise**
ingresso **billet d'entrée (m)**
ingresso para família **billet familiale (m)**
iniciar, começar **commencer**
injeção **piqûre (f)**
interessante **intéressant**
inventário **inventaire (m)**
inverno **hiver (m)**
ioga **yoga (m)**
iPod **iPod (m)**
ir à discoteca **sortir en boîte**
ir **aller**
ir às compras **faire les courses**
ir de avião **prendre l'avion**
ir de trem **prendre le train**
isopor **glacière (f)**
isqueiro **briquet (m)**
isto/isso **ceci**

J

já **déjà**
janeiro **janvier**
jantar **dîner (m)**
jaqueta **veste (f)**
jardim **jardin (m)**
jeans **jean (m)**
jet ski **jet ski (m)**
joalheria **bijouterie (f)**
joelho **genou (m)**
jogar **jouer**
jogo **jeu (m)**
jogo; partida (esporte) **match (m)**
joias **bijoux (m pl)**
jornal **journal (m)**
julho **juillet**
junho **juin**
justo/a **serré/serrée**

L

lago **lac (m)**
lambreta **scooter (m)**
lâmina de barbear **rasoir (m)**
lâmpada **ampoule (f)**
lanche **en-cas (m)**
lanterna **lampe torche (f)**
lápis **crayon (m)**
lápis de cor **crayon de couleur (m)**
laptop **ordinateur portable (m)**
laranja **orange (f)**
lata **boîte de conserve (f)**
leito **couchette (f)**
lembrança **souvenir (m)**
lento/a **lent/lente**
ler **lire**
leste **est (m)**
levar; pegar **prendre**
leve **léger/légère**
lhe; a ele/a **lui**
ligeiro **vite**
limite de peso **poids maximum autorisé (m)**
limpador de para-brisa **balai d'essuie-glace (m); essuie-glaces (m pl)**
limpo/a **propre**
lista **liste (f)**
livraria **librairie (f)**
livro **livre (m)**
lixeira **poubelle (f)**
local (adj.) **local/locale**
loção corporal **lait corps (m)**
logo **bientôt**
loja **magasin (m)**
loja de discos **disquaire (m)**
loja de ferragens **quincaillerie (f)**

loja de móveis **magasin de meubles (m)**
loja de presentes **magasin de cadeaux (m)**
longe **loin**
lotado/a (hotel) **complet/complète**
louça **vaisselle (f)**
lugar **place (f)**
luva de beisebol **gant de baseball (m)**
luvas de forno **gants de cuisine (m pl)**
luz **lumière (f)**

M

maçaneta **poignée (f)**
mãe **mère (f)**
maio **mai**
maiô **maillot de bain (m)**
mais **plus**
mal **mal**
mala **malette (f); valise (f)**
manhã **matin (m)**
manter **garder**
manual **manuel (m)**
manuscrito **manuscript (m)**
mão **main (f)**
mapa **carte (f); plan (m)**
máquina **machine (f)**
máquina de lavar roupa **lave-linge (m)**
mar **mer (f)**
marcha **levier de vitesses (m)**
março **mars**
maré **marée (f)**
marido **mari (m)**
marina **port de plaisance (m)**
marreta **maillet (m)**
maxilar **mâchoire (f)**
mecânico **mécanicien (m)**
médico **médecin (m)**
médio/a **moyen/moyenne**
meia-noite **minuit**
meias soquetes **chaussettes (f pl)**
meio **milieu (m)**
meio-dia **midi**
menina; filha **fille (f)**
menino **garçon (m)**
mercado **marché (m)**
mercearia **épicerie (f)**
mergulhar **plonger**
mês **mois (m)**
mesa **table (f)**
mesmo **même**
metade **moitié (f)**
metrô **métro (m)**
meu/minha, meus/minhas **mon/ma, mes (m/f pl)**
micro-ondas **micro-onde (m)**
mim **moi**
minuto **minute (f)**
molhado/a **mouillé/mouillée**
montanha **montagne (f)**
monumento **monument (m)**
motocicleta **moto (f)**
motor **moteur (m)**
mountain bike **VTT (m)**
mouse (computador) **souris (f)**
muito/a; muitos/as **beaucoup**
mulher **femme (f)**
multa (lei) **amende (f)**
museu **musée (m)**
música **musique (f)**
músico **musicien (m)**

N

nada **rien**
nadar **nager**
namorado/a **copain/copine (m/f)**
não **non**
não **pas**
nariz **nez (m)**
náusea **nausée (f)**
negócios **affaires (f pl)**
a negócios **pour affaires**
nevar **neiger**
névoa **brouillard (m)**
no vapor **vapeur, à la**
noite **nuit (f); soir (m)**
nome **nom (m)**
normal **habituel/habituelle**
norte **nord (m)**
nós **nous**
nosso/nossa, nossos/nossas **notre, nos (sing/pl)**
nove **neuf**
novembro **novembre**

novo/a **nouveau/nouvelle**
nublado/a **nuageux**
número da conta bancária **numéro de compte (m)**
nunca **jamais**

O

o quê? **quoi?**
objetiva (lente) **objectif (m)**
objetos de valor **objets de valeur (m pl)**
objetos perdidos **objets trouvés (m pl)**
obrigado/a **merci**
observar **regarder**
obter **obtenir**
óculos; óculos de natação **lunettes (f pl)**
óculos de sol **lunettes de soleil (f pl)**
oeste **ouest (m)**
oficina **garage (m)**
oito **huit**
olá **salut**
óleo **huile (m)**
olhar **regarder**
olho **oeil (m)**
ombro **épaule (f)**
onde? **où?**
ônibus **bus (m)**
ontem **hier**
onze **onze**
opaco/a **mat/mate**
ópera **opéra (m)**
orelha **oreille (f)**
ou **ou**
outono **automne (m)**
outro **autre**
outubro **octobre**
ouvir; conhecer **entendre**

P

pá de lixo **pelle (f)**
pacote; embrulho **paquet (m)**
padaria **boulangerie (f)**
pagar **payer**
pai **père (m)**
país **pays (m)**
panela **casserole (f)**
pão-duro **spatule (f)**
papel **papier (m)**
papel de embrulho **papier-cadeau (m)**
par **paire (f)**
para **à; pour**
para viagem **emporter**
para-brisa **pare-brise (m)**
para-choque **pare-choc (m)**
parar **arrêter: s'arrêter**
parque **parc (m)**
parque de diversões **fête foraine (f)**
parque safári **parc safari (m)**
parque temático **parc d'attraction (m)**
parquímetro **parc-mètre (m)**
partir **partir**
passageiro **passager (m)**
passaporte **passeport (m)**
passeio de barco **tour en bateau (m)**
pasta de dente **dentifrice (f)**
pé **pied (m)**
peça (teatro) **pièce (f)**
pedaço **morceau (m); part (f)**
pedágio **péage (m)**
pedido **ordre (m)**
peito **poitrine (f)**
peixaria **poissonier (m)**
pele **peau (f)**
pensar **penser**
pente de memória **clé USB (f)**
pequeno/a **petit/petite**
perdão **pardon**
perder **perdre**
perna **jambe (f)**
persiana **store (m)**
perto, próximo **proche**
perto; ao lado de **près de**
pés de pato **palmes (f pl)**
pesca **pêche (f)**
pescoço **cou (m)**
pianista **pianiste (m)**
pilates **pilates (m)**
pilha (de lanterna) **batterie (f)**
piloto **pilote (m)**
pílula **pilule (f)**
pincel **pinceau (m)**
pinta (medicina) **grain de beauté (m)**

pintura **peinture (f)**
piquenique **pique-nique (m)**
pires **soucoupe (f)**
pisca-alerta **feux de détresse (m pl)**
piscina **piscine (f)**
pista de esqui para principiantes **pistes vertes (f pl)**
placa (de sinalização) **panneau (m)**
placa (do carro) **plaque d'immatriculation (f)**
plataforma **quai (m)**
playground **terrain de jeux (m)**
pneu **pneu (m)**
poder **pouvoir**
polegar **pouce (m)**
polícia **police (f)**
policial **policier (m)**
policial (fem.) **femme policier (f)**
pomada **pommade (f)**
ponte **pont (m)**
ponto de ônibus **arrêt de bus (m)**
pôr no correio **poster**
por quê? **pourquoi?**
pôr, colocar **mettre**
por, pelo/a; em **par**
porta (de carro) **portière (f)**
porta-malas **coffre (m)**
porta-moedas **porte-monnaie (m)**
portanto; então **donc**
portão **porte (f)**
portão de embarque **porte d'embarquement (f)**
porta-retrato **cadre (m)**
porto **port (m)**
possível **possible**
posto de gasolina **station-service (f)**
praça **place (f)**
praia **plage (f)**
prancha de surfe **planche de surf (f)**
prancha de windsurfe **planche à voile (f)**
prato (refeição) **cours (m)**
prato **assiette (f)**
prato (culinária) **plat (m)**
prato de acompanhamento **plat d'accompagnement (m)**
prato de sobremesa **petite assiette (f)**
prazo de validade **date de péremption (f)**
precisar **avoir besoin**
preço **prix (m)**
prefeitura **mairie (f)**
preferido/a **préféré/préférée**
preferir **préférer**
presente **cadeau (m)**
pressão arterial **pression artérielle (f)**
pressão dos pneus **pression des pneux (f)**
preto/a **noir/noire**
primavera **printemps (m)**
primeiro/a **premier/première**
principiante **débutant (m)**
prisão de ventre **constipation (f)**
problema cardíaco **problème cardiaque (m)**
programa **programme (m)**
pronto/a **prêt/prête**
pronto-socorro **urgences (f pl)**
protetor solar **crème solaire (f)**
próximo/a **prochain/prochaine**
pulôver **pull (m)**
pulseira **bracelet**
pulso **poignet (m)**

Q

quadra de tênis **court de tennis (m)**
quadro (pintura) **tableau (m)**
quadro de fusíveis **boîte à fusibles (f)**
qual? **lequel?**
quando **quand**
quanto **combien**
quarenta **quarante**
quarta-feira **mercredi**
quarto **chambre (f)**

quarto (fração) **quart (m)**
quarto de casal **chambre pour deux personnes (f)**
quarto para família **chambre familiale (f)**
quase **presque**
quatro **quatre**
que; o qual **que**
quebrado/a **cassé/cassée**
queimadura **brûlure (f)**
queimadura de sol **coup de soleil (m)**
queixo **menton (m)**
quente **chaud/chaude**
querer **vouloir**
quilo **kilo (m)**
quilômetro **kilomètre (m)**
quinta-feira **jeudi**

R

radiador **radiateur (m)**
ralador **râpe (f)**
rampa para cadeira de rodas **rampe d'accès handicapés (f)**
rapaz **garçon (m)**
rápido **vite**
raquete de tênis **raquette de tennis (f)**
realmente **vraiment**
reanimação **réanimation (f)**
rebocar **remorquer**
recado **message (m)**
receita **ordonnance (f)**
recibo **reçu (m)**
recomendar **recommander**
redondo/a **rond/ronde**
refeição de bordo **repas à bord (m)**
refeição **repas (m)**
registro (água) **arrivée d'eau (f)**
reiniciar **redémarrer**
relógio (de pulso) **montre (f)**
remador **rameur (m)**
remédios **médicaments (m pl)**
reparar (consertar) **réparer**
repelente de insetos **produit contre les insectes (m)**
reserva **réservation (f)**
reservar **réserver**
resfriado **rhume (m)**
restaurante **restaurant (m)**
retirada (saque) **retrait (m)**
revelar (filme) **développer**
revista **magazine (f)**
rim **rein (m)**
rio **rivière (f)**
roda **roue (f)**
rosa **rose**
rosto **visage (m)**
rotatória **rond-point (m)**
roubado/a **volé/volée**
roubar **voler**
roubo **vol (m)**
roupas **vêtements (m pl)**

S

sábado **samedi**
saber (verbo) **savoir**
sabonete **savon (m)**
sacada **balcon (m)**
saca-rolhas **tire-bouchon (m)**
saco **sac (m)**
sacola **sac fourre-tout (m)**
saguão **hall de gare (m)**
saguão de desembarque **arrivées (f pl)**
saguão de embarque **départs (m pl)**
saia **jupe (f)**
saída **sortie (f)**
saída (do hotel) **formalités de départ (f pl)**
sair **sortir**
sala de espera **salle d'attente (f)**
salva-vidas **sauveteur (m)**
sandália **sandale (f)**
sandália de dedo **tongs (f pl)**
sangramento **saignement (m)**
sangramento nasal **saignement de nez (m)**
sapato **chaussure (f)**
saque (retirada) **retrait (m)**
saúde **santé (f)**
saúde! (brinde) **santé!**
secador de cabelo **sèche-cheveux (m)**
seco/a **sec/sèche**
secretária eletrônica **répondeur (m)**

sedã **berline (f)**
segunda-feira **lundi**
segundo (num.) **deuxième**
segundo (subst.) **seconde (f)**
segurar, manter **tenir**
seguro (subst.) **assurance (f)**
seguro de saúde **assurance maladie (f)**
seguro/a **securité, en**
seis **six**
selo **timbre (m)**
sem **sans**
semáforo **feux (m pl)**
semana **semaine (f)**
senha **code secret (m)**
sentar (se) **asseoir: s'asseoir**
sentir (se) **sentir: se sentir**
separadamente **séparément**
ser, estar **être**
sério/a **grave**
serviço de despertador **réveil par téléphone (m)**
serviço de quarto **service en chambre (m)**
serviço expresso **service rapide (m)**
serviços de emergência **services d'urgence (m pl)**
servir **servir**
sete **sept**
setembro **septembre**
sexta-feira **vendredi**
shopping center **centre commercial (m)**
sim **oui**
site **site web (m)**
snorkel **tuba (m)**
snowboard **snowboard (m)**
só; sozinho/a **seul/seule**
sobre, em cima **sur**
sobremesa **dessert (m)**
socorro **aide (f)**
sol **soleil (m)**
solteiro/a **célibataire**
somente **seulement**
spray **vaporisateur (m)**
substituir **remplacer**
sul **sud (m)**
supermercado **supermarché (m)**
supositórios **suppositoires (m pl)**
surfar **surfer**

T

tabacaria **bureau de tabac (m)**
tabaco **tabac (m)**
tabela (de horários) de partidas **tableau des départs (m)**
tábua de cortar **planche à découper (f)**
tábua de passar roupa **planche à repasser (f)**
taco de golfe **club de golf (m)**
tala **attelle (f)**
talão de cheques **chéquier (m)**
talvez **peut-être**
tamanho (de calçado) **pointure (f)**
tamanho (de roupa) **taille (f)**
também **aussi**
tanque de combustível **réservoir d'essence (m)**
tão **si**
tarde **tard**
tarde (período) **après-midi (m)**
taxa de câmbio **taux de change (m)**
táxi **taxi (m)**
teatro **théâtre (m)**
teclado **clavier (m)**
teleférico **téléphérique (m)**
telefonar **téléphoner**
telefone **téléphone (m)**
telefone de contato **numéro à contacter (m)**
telefonema **coup de fil (m)**
televisão **télévision (f)**
temperatura **température (f)**
tempestade **tempête (f)**
tempo **temps (m)**
tênis (calçado) **chaussures de sport (f pl)**
tênis (esporte) **tennis (m)**
ter **avoir**
terça-feira **mardi**
terminado/a **terminé/ terminée**

terminal **terminal (m)**
terminar **finir**
termostato **thermostat (m)**
terno **costume (m)**
tesoura **ciseaux (m pl)**
tesoura de unha **ciseaux à ongles (m pl)**
teu/tua, seu/sua; teus/tuas, seus/suas **ton/ta/tes (m/f pl)**
tigela **bol (m), bol mélangeur (m)**
toalha **serviette (f)**
toalha de praia **serviette de plage (f)**
tomar conta de crianças **garde d'enfants (f)**
tórax **poitrine (f)**
torta **tarte (f)**
tosse **toux (f)**
trabalhar **travailler**
trailer **caravane (f)**
traje de mergulho **combinaison (f)**
traje de passeio **robe de soirée (f)**
travesseiro **oreiller (m)**
trem de alta velocidade **TGV (m)**
trem **train (m)**
três **trois**
trinta **trente**
trocar (de roupa) **se changer**
trocar dinheiro **changer**
tudo **tout**
turista **touriste (m)**
TV por satélite **télé satellite (f)**
TV widescreen **téléviseur grand écran (m)**

U

último/a **dernier/dernière**
ultrassonografia **scanner (m)**
um/a **un/une**
úmido/a **humide**
unha **ongle (m)**
urgente **urgent**
usar **utiliser**
útil **utile**

V

vagão-restaurante **wagon-restaurant (m)**
vago (desocupado) **libre**
validar; carimbar **valider**
valor **valeur (f)**
vazamento **fuite (f)**
vazio **vide**
vegetariano/a **végétarien/végétarienne (m/f)**
veículo **véhicule (m)**
veleiro **bateau à voile (m)**
velocímetro **compteur de vitesse (m)**
ventilador **ventilateur (m)**
vento **vent (m)**
ventoso **du vent**
verão **été (m)**
verdadeiro; justo/a **vrai**
verde **vert/verte**
vermelho/a **rouge**
vespa **guêpe (f)**
vestiário **vestiaire (m)**
vestido **robe (f)**
via de acesso **voie d'accès (f)**
viagem **voyage (m)**
viajar **voyager**
videogame **jeu vidéo (m)**
vinhedo **vignoble (m)**
vinho **vin (m)**
vinte **vingt**
vir **venir**
virar (se) **tourner**
visita guiada **visite guidée (f)**
visitante **visiteur (m)**
vista **vue (f)**
visto **visa (m)**
você **tu**
você, tu, a ti **toi**
você/s **vous**
volante (direção) **volant (m)**
voo **vol (m)**
vosso/a, seu/sua **votre**
vossos/as, seus/suas **vos**

X, Z

xampu **shampooing (m)**
xícara **tasse (f)**
zoológico **zoo (m)**

MINIDICIONÁRIO

FRANCÊS-PORTUGUÊS

O gênero dos substantivos em francês é indicado pelas abreviaturas **(m)** e **(f)** para o masculino e o feminino. Os substantivos no plural aparecem com **(m pl)** ou **(f pl)**. Os adjetivos variam conforme o gênero e o número da palavra que descrevem. Aqui é mostrada a forma masculina singular, seguida pela feminina.

A

à em; para
abeille abelha
accès handicapés (m) acesso para cadeira de rodas
acheter comprar
accident (m) acidente
accident de voiture (m) acidente de carro
accoudoir (m) apoio de braço
addition (f) conta
adorer amar
adresse (f) endereço
adresse email (f) endereço eletrônico
adulte (m) adulto
aérobic (f) aeróbica
aéroglisseur (m) aerobarco
aéroport (m) aeroporto
affaires (f pl) negócios; **pour affaires** a negócios
agent de circulation (m) guarda de trânsito
aide (f) socorro
aimer gostar
airbag (m) air bag
alarme incendie (f) alarme de incêndio
album photo (m) porta-retrato
aller ir
aller-retour (m) bilhete de ida e volta
aller simple (m) bilhete de ida
allergique alérgico
allumer acender
allumette (f) fósforo
alors então
ambassade (f) embaixada
amende (f) multa (lei)
ambulance (f) ambulância
ami (m)/amie (f) amigo/a
ampoule (f) lâmpada
amuser, s'amuser divertir (se)
analgésique (m) analgésico
analyse sanguine (f) exame de sangue
anglais/anglaise inglês/esa
animal de compagnie (m) animal de estimação
année (f) ano
antibiotiques (m pl) antibiótico
août agosto
appareil photo (m) câmera
appareil photo numérique (m) câmera digital
appartement (m) apartamento
appeler chamar
appui-tête (m) apoio de cabeça
après depois
après-midi (m) tarde
après-shampooing (m) condicionador
argent (m) dinheiro
attendre esperar
arrêt de bus (m) ponto de ônibus
arrêter: s'arrêter parar
arrivée d'eau (f) registro (água)
arriver chegar
arrivées (f pl) saguão de desembarque
art (m) arte
arthrite (f) artrite
ascenseur (m) elevador
asseoir: s'asseoir sentar (se)
assiette (f) prato

assurance (f) seguro (subst.)
assurance maladie (f) seguro de saúde
asthme (m) asma
attelle (f) tala
au-dessus de acima
au revoir até logo
aujourd'hui hoje
aussi também
Australie (f) Austrália
automne (m) outono
autoroute (f) autoestrada
autre outro
avant antes
avec com
avion (m) avião
avocat (m) advogado
avril abril
avoir ter;
avoir besoin precisar

B

bagage à main (m) bagagem de mão
bagages (m pl) bagagem
bain (m) banho
bain de bouche (m) antisséptico bucal
bain moussant (m) espuma de banho
baladeur CD (m) CD player
balai (m) escova
balai d'essuie-glace (m) limpador de para-brisa
balcon (m) galeria (teatro); sacada
balle de golf (f) bola de golfe
balle de tennis (f) bola de tênis
ballet (m) balé
ballon de plage (m) bola de praia
bandage (m) atadura
banque (f) banco
banquier (m) gerente de banco
bar (m) bar
barbecue (m) churrasqueira
barque (f) barco a remo
baseball (m) beisebol
bassin (m) piscina
bassin d'amarrage (m) ancoradouro
bateau (m) barco
bateau à voile veleiro
bateau gonflable (m) bote
bateau de plaisance (m) barco de passeio
bâtons (m pl) bastões
batterie (f) pilha (de lanterna); bateria (de carro)
beau/belle belo/a
beaucoup muito/a; muitos/as
berline (f) sedã
bidet (m) bidê
bien bem; bom/boa
bientôt logo
bienvenue bem-vindo/a
bière (f) cerveja
bijouterie (f) joalheria
bijoux (m pl) joias
bikini (m) biquíni
billet (m) bilhete
billet d'entrée (m) ingresso
billet familiale (m) ingresso para família
blanc/blanche branco/a
blesser ferir
bleu/bleue azul
boisson (f) bebida
boîte (f) caixa
boîte de nuit (f) casa noturna
boîte de conserve (f) lata
boîte à fusibles (f) quadro de fusíveis
bol (m), bol mélangeur (m) tigela
bon/bonne bom/boa
bon marché barato/a
bonsoir boa noite
bonne nuit boa noite
bord: à bord a bordo
botte (f) bota (calçado)
bouche (f) boca
bouche d'incendie hidrante
boucherie (f) açougue
bouchon (m) congestionamento
bouée de sauvetage (f) boia
bouilloire (f) chaleira

bouilloire de camping chaleira de camping
boulangerie (f) padaria
boussole (f) bússola
bouteille garrafa
bouteille thermos (f) garrafa térmica
boutique butique
boutons de manchette (m pl) abotoaduras
bracelet pulseira
bras braço
Brésil Brasil
brésilien/enne brasileiro/a
brillant/brillante brilhante
briquet (m) isqueiro
britannique britânico/a
brosse (f) escova
brosse à dents (f) escova de dente
brosser escovar
brouillard (m) névoa
brûlure (f) queimadura
bureau (m) balcão; escritório
bureau de tabac (m) tabacaria
bus (m) ônibus
buste (m) busto

C

cabine (f) cabine
cabine téléphonique (f) cabine telefônica
cabinet médical (m) consultório médico
cachet (m) comprimido
cadeau (m) presente
cadre (m) porta-retrato
café (m) café
caisses (f pl) caixas (de supermercado)
calme calmo/a
cambrioler assaltar
camion de pompiers (m) carro de bombeiros
camper acampar
Canada (m) Canadá
canoë (m) canoa
capsule (f) cápsula
caravane (f) trailer
carte (f) mapa
carte de crédit (f) cartão de crédito
carte d'embarquement (f) cartão de embarque
carte d'étudiant (f) carteira de estudante
carte mémoire (f) cartão de memória
carte postale (f) cartão-postal
carte de téléphone (f) cartão telefônico
cascade (f) cachoeira
casino (m) cassino
casque de vélo (m) capacete de ciclismo
cassé/cassée quebrado/a
casserole (f) panela
catamaran (m) catamarã
cathédrale (f) catedral
caution (f) depósito
ce este/a
ceci isto/isso
ceinture (f) cinto
cela aquele
célibataire solteiro/a
cent cem
centre (m) centro
centre commercial (m) shopping center
centre-ville (m) centro da cidade
chaîne (f) canal (TV)
chaise haute (f) cadeirão
chaise longue (f) espreguiçadeira
chambre (f) quarto
chambre pour deux personnes (f) quarto de casal
chambre familiale (f) quarto para família
changer trocar dinheiro; **se changer** trocar (de roupa)
chanteur (m) cantor
chanteuse (f) cantora
chapeau de paille (m) chapéu de sol
chaque cada
charcuterie (f) delicatéssen
chariot (m) carrinho
château (m) castelo

chaud/chaude quente
chaussettes (f pl) meias soquetes
chaussure (f) sapato
chaussures de marche (f pl) bota de caminhada
chaussures de sport (f pl) tênis
chemin (m) caminho
chemin de fer (m) ferrovia
chemise (f) camisa
chèque (m) cheque
chèque de voyage (m) cheque de viagem
chéquier (m) talão de cheques
cher/chère caro/a
cheveux (m pl) cabelos
chien (m) cão
cigarette (f) cigarro
cinq cinco
cinéma (m) cinema
ciseaux (m pl) tesoura
ciseaux à ongles (m pl) tesoura de unha
classe affaires (f) classe executiva
clavier (m) teclado
clé (f) chave
clé USB (f) pente de memória
climatisation (f) ar-condicionado
club de golf (m) taco de golfe
club de jazz (m) clube de jazz
code secret (m) senha
coffre (m) porta-malas
collier (m) colar
combien quanto
combinaison (f) traje de mergulho
comme como; igual a
commencer iniciar, começar
comment? como?
commissariat (m) delegacia
compagnie d'assurance (f) companhia de seguros
compartiment (m) cabine
complet/complète lotado/a (hotel)
complexe sportif (m) centro esportivo
comprendre entender
compte en banque (m) conta bancária
compteur de vitesse (m) velocímetro
concert (m) concerto
conduire dirigir
connaître conhecer
connecter: se connecter conectar (se)
consigne (f) guarda-volume
constipation (f) prisão de ventre
consul (m) cônsul
consulat (m) consulado
contenu (m) conteúdo
contrôle des passeports (m) controle de passaporte
copain/copine (m/f) namorado/a; amigo/a
corps (m) corpo
costume (m) terno
côte (f) costa
côté: à côté ao lado
cou (m) pescoço
couchette (f) leito
coude (m) cotovelo
couleur (f) cor
coup de fil (m) telefonema
coupe-ongle (m) cortador de unha
coup de soleil (m) queimadura de sol
coupure (f) corte
cours (m) prato (refeição)
court de tennis (m) quadra de tênis
couteau (m) faca
couverture (f) cobertor
crayon (m) lápis
crayon de couleur (m) lápis de cor
crème (f) creme
crème solaire (f) protetor solar
crevé/crevée furado/a
crime (m) crime
croisière (f) cruzeiro
cuiller (f) colher

cuiller à café (f) colher de chá
cuiller à dessert (f) colher de sobremesa
cuisine (f) cozinha
cybercafé (m) cybercafé

D

dans em
danser dançar
date de péremption (f) prazo de validade
de de
débutant (m) principiante
décembre dezembro
déconnecter:
se déconnecter desconectar (se)
degrés grau
dehors fora
déjà já
déjeuner (m) almoço
délicieux/délicieuse delicioso/a
demain amanhã
dénoncer denunciar
dent (f) dente
dentifrice (f) pasta de dente
dentiste (m) dentista
déodorant (m) desodorante
départs (m pl) saguão de embarque
déposer depositar
dépôt (m) depósito
dernier/dernière último/a
derrière atrás; por trás
descendre descer
désolé/désolée desolado/a; desculpe-me
dessert (m) sobremesa
dessin (m) desenho
détecteur de fumée (m) detector de fumaça
détergent (m) detergente
détester detestar
deux dois
deuxième segundo (num.)
devant em frente de
développer revelar (filme)
devoir dever (verbo)
diabétique diabético/a
diarrhée (f) diarreia
diésel (m) diesel
dimanche domingo
dîner (m) jantar
dire dizer
disquaire (m) loja de discos
distributeur (m) caixa eletrônico
divorcé/divorcée divorciado/a
dix dez
doigt (m) dedo
doigt de pied (m) dedo (do pé)
donc portanto; então
donner dar
dos (m) costas (corpo)
douche (f) ducha
douleur (f) dor
douloureux/douloureuse dolorido/a
douze doze
droite direita (sentido)

E

eau (f) água
écharde (f) farpa
économiseur (m) descascador
écouter escutar
édulcorant (m) adoçante artificial
effet secondaire (m) efeito colateral
église (f) igreja
égratignure (f) arranhão
électricien (m) eletricista
électricité (f) eletricidade
elle ela
email (m) e-mail
emporter para viagem
en-cas (m) lanche
enchanté/enchantée encantado/a
encore de novo; ainda
endommagé/endommagée danificado/a
en-dessous abaixo, sob
enfant (m) criança
en plus extra
enceinte grávida
enregistrement (m) check-in

ensoleillé/ensoleillée ensolarado/a
entendre ouvir; conhecer
entrée (f) entrada
enveloppe (f) envelope
envoyer enviar
épaule (f) ombro
épicerie (m) mercearia
épileptique epiléptico/a
épouse (f) esposa
équipement (m) equipamento
l'équitation (f) andar a cavalo
erreur (f) erro
escaliers (m pl) escada
essence (f) gasolina
essuie-glaces (m pl) limpador de para-brisa
est (m) leste
estomac (m) estômago
et e
États-Unis Estados Unidos
été (m) verão
éteindre desligar, apagar
éternuer espirrar
étiquette (f) etiqueta (de bagagem)
être ser, estar
étudiant/étudiante estudante
étui (m) estojo para câmera
euro (m) euro
examiner examinar
l'extincteur (m) extintor de incêndio

F

facteur (m) carteiro
facturer cobrar
faire fazer
faire les courses ir às compras
faire un paquet-cadeau embrulhar (para presente)
faire de la voile iatismo
faux/fausse falso/a; errado/a
famille (f) família
femme (f) mulher
femme de ménage (f) faxineira
femme policier (f) policial
fer à repasser (m) ferro de passar roupa
fermé/fermée (m/f) fechado/a
fermer fechar
fermer à clé fechar a chave
ferry (m) balsa, ferryboat
fête foraine (f) parque de diversões
feux (m pl) semáforo
feux de détresse (m pl) pisca-alerta
février fevereiro
ficelle (f) barbante, corda
fiche (f) formulário
fille (f) menina; filha
film (m) filme (cinema)
finir terminar
flash (m) flash
football (m) futebol
forfait (m) bilhete de teleférico
formalités de départ (f pl) saída (do hotel)
fouet (m) batedor
foulure (f) entorse
four (m) forno
fourchette (f) garfo
fracture (f) fratura
frais/fraîche fresco/a
français/française francês/a
froid/froide frio/a
fuite (f) vazamento
fumer fumar

G

galerie (f) bagageiro
galerie d'art (f) galeria de arte
gant de baseball (m) luva de beisebol
gants de cuisine (m pl) luvas de forno
garage (m) oficina
garçon (m) menino, rapaz
garde d'enfants (f) tomar conta de crianças
garder manter, guardar
gare (f) estação ferroviária
gauche esquerda (sentido)
gaz (m) gás

gel douche (m) gel de banho
genou (m) joelho
gens (m pl) gente, pessoas
gilet de sauvetage (m) colete salva-vidas
glace (f) gelo
glacière (f) isopor
golf (m) golfe
gorge (f) garganta
grain de beauté (m) pinta (medicina)
grand/grande grande; alto/a
Grande-Bretagne (f) Grã-Bretanha
gratuit/gratuite gratuito/a
grave sério/a
gril (m) grelha
grippe (f) gripe
groupe (m) grupo
guarantie (f) garantia
guêpe (f) vespa
guichet automatique (m) bilheteria automática
guide (m) guia (livro)
guide audio (m) audioguia
gym (f) academia

H, I

habituel/habituelle normal
hall de gare (m) saguão
handicapé (m) deficiente
haut sobre; alto
  en haut no alto
hayon (m) hatch
heure (f) hora
heureux/heureuse feliz
hier ontem
hiver (m) inverno
homme (m) homem
hôpital (m) hospital
horaires (m pl) horários (tabela de)
horaires d'ouverture (m pl) horário de funcionamento
horaires de visite (m pl) horários de visita
hôtel (m) hotel
hôtesse de l'air (f) comissária de bordo
huile (m) óleo
huit oito
humide úmido/a
hydroglisseur (m) hidrofólio
ici aqui
il ele
il y a há
imperméable (m) impermeável
imprimer imprimir
infirmière (f) enfermeira
inhalateur (m) inalador
intéressant interessante
inventaire (m) inventário
invité (m) convidado
iPod (m) iPod

J

jamais nunca
jambe (f) perna
janvier janeiro
jardin (m) jardim
jaune amarelo
je eu
jean (m) jeans
jet ski (m) jet ski
jeu (m) jogo
jeu vidéo (m) videogame
jeudi quinta-feira
joli/jolie (m/f) bonito/a
joue (f) bochecha
jouer jogar
jouet (m) brinquedo
jour (m) dia
jour férié (m) feriado
journal (m) jornal
juillet julho
juin junho
jupe (f) saia
jusqu'à até

K, L

kilo (m) quilo
kilomètre (m) quilômetro
klaxon (m) buzina
là-bas ali
lac (m) lago
lait corps (m) loção corporal
lampe torche (f) lanterna
lave-linge (m) máquina de lavar roupa
lecteur de DVD (m) DVD player

léger/légère leve (adj.)
lent/lente lento/a
lequel? qual?
leur/leurs dele/a; seu/sua; seus/suas
levier de vitesses (m) marcha
librairie (f) livraria
libre vago (desocupado)
ligne (f) linha
  en ligne conectado
liquide (m) dinheiro
lire ler
liste (f) lista
lit (m) cama
lit à deux places (m) cama de casal
lit enfants (m) berço
lits jumeaux (m pl) camas de solteiro
livre (m) livro
local/locale local (adj.)
location de voiture (f) aluguel de veículos
loin longe
louer alugar
lui lhe; a ele/a
lumière (f) luz
lundi segunda-feira
lunettes (f pl) óculos; óculos de natação
lunettes de soleil (f pl) óculos de sol

M

machine (f) máquina
mâchoire (f) maxilar
magasin (m) loja
magasin de cadeaux (m) loja de presentes
magasin hors taxe (m) duty-free
magasin de meubles (m) loja de móveis
magazine (f) revista
mai maio
maillet (m) marreta
maillot de bain (m) maiô
main (f) mão
mairie (f) prefeitura
maison (f) casa
mal mal
mal de dents (m) dor de dente
mal de tête (f) dor de cabeça
mal au ventre (m) dor de estômago
malade doente
maladie (f) doença
malette (f) mala
manèges (m pl) brinquedos
manger comer
manteau (m) casaco
manuel (m) manual
manuscript (m) manuscrito
marché (m) mercado
marcher andar, caminhar
mardi terça-feira
marée (f) maré
mari (m) marido
marié/mariée casado/a
marmite (f) caçarola
mars março
mat/mate opaco/a
match (m) jogo; partida (esporte)
matelas (m) colchão
matin (m) manhã
me a mim
mécanicien (m) mecânico
médecin (m) médico
médicaments (m pl) remédios
méduse (f) água-viva
même mesmo
menottes (f pl) algemas
menton (m) queixo
menu (m) cardápio
mer (f) mar
merci obrigado/a
mercredi quarta-feira
mère (f) mãe
mes (m/f pl) meus/minhas
message (m) recado
métro (m) metrô
mettre pôr, colocar
micro-onde (m) micro-ondas
midi meio-dia
milieu (m) meio; centro
mini bar (m) frigobar
minuit meia-noite

minute (f) minuto
moi mim, comigo
mois (m) mês
moitié (f) metade
mon/ma/mes meu/minha; meus/minhas
monument (m) monumento
montagne (f) montanha
montre (f) relógio (de pulso)
morceau (m) pedaço
moteur (m) motor
moto (f) motocicleta
mouillé/mouillée molhado/a
mousse à raser (f) espuma de barbear
moyen/moyenne médio/a
musée (m) museu
musicien (m) músico
musique (f) música

N

nager nadar
nausée (f) náusea
neiger nevar
neuf nove
nez (m) nariz
noir/noire preto/a
nom (m) nome
nombre de bagages autorisé (m) bagagem permitida (peso)
non não
nord (m) norte
nos (pl) nossos/nossas
notre (sing) nosso/nossa
nourriture (f) alimento
nous nós
nouveau/nouvelle novo/a
novembre novembro
nuageux nublado/a
nuit (f) noite
numéro à contacter (m) telefone de contato
numéro de compte (m) número da conta bancária

O

objectif (m) objetiva (lente)
objets trouvés (m pl) objetos perdidos
objets de valeur (m pl) objetos de valor
obtenir obter, conseguir
octobre outubro
oeil (m) olho
office du tourisme (m) centro de informações turísticas
ongle (m) unha
onze onze
opéra (m) ópera
opération (f) cirurgia
orange (f) laranja
ordinateur (m) computador
ordinateur portable (m) laptop
ordonnance (f) receita
ordre (m) pedido
oreille (f) orelha
oreiller (m) travesseiro
ou/où? ou/onde?
oublier esquecer
ouest (m) oeste
oui sim
ouvert/ouverte aberto/a
ouvre-boîte (m) abridor de lata
ouvrir abrir

P

paire (f) par
palmes (f pl) pés de pato
panier (m) cesto/a
panier de pique-nique (m) cesta de piquenique
panne (f) avaria, pane
panneau (m) placa (de sinalização)
pansement (m) curativo adesivo
papier (m) papel
papier-cadeau (m) papel de embrulho
papiers d'identité (m pl) documentos de identidade
paquet (m) pacote; embrulho
par por, pelo/a; em
parapluie (m) guarda-chuva
parasol (m) guarda-sol
parc (m) parque
parc d'attraction (m) parque temático

parc-mètre (m) parquímetro
parc safari (m) parque safári
pardon com licença; perdão
pare-brise (m) para-brisa
pare-choc (m) para-choque
parking (m) estacionamento
parler falar
part (f) pedaço; fatia
partir partir; deixar
partir en randonnée caminhar; fazer trilhas
pas não
passage piétons (m) faixa de pedestres
passager (m) passageiro
passeport (m) passaporte
passer: se passer acontecer
passoire (f) escorredor
payer pagar
pays (m) país
péage (m) pedágio
peau (f) pele
pêche (f) pesca
peinture (f) pintura
pelle (f) pá de lixo
pellicule (f) filme (câmera)
peluche (f) brinquedo de pelúcia
pendant durante
penser pensar
père (m) pai
perdre perder
permis de conduire (m) carteira de habilitação
personne âgée (f) idoso/a
petit/petite pequeno/a
petit-déjeuner (m) café da manhã
petite assiette (f) prato de sobremesa
peut-être talvez
phare (m) farol (no mar e de carro)
pharmacie (f) farmácia
pharmacien (m) farmacêutico
photo (f) fotografia
photographie au flash (f) fotografia com flash
pianiste (m) pianista
pièce (f) peça (teatro)
pièce d'identité (f) documento de identidade
pied (m) pé
pilates (m) pilates
pilote (m) piloto
pilule (f) pílula
pinceau (m) pincel
pique-nique (m) piquenique
piquet (m) estaca
piqûre (f) injeção
piscine (f) piscina
pistes vertes (f pl) pista de esqui para principiantes
place (f) lugar; praça
place couloir (f) assento no corredor
place fenêtre (f) assento na janela
place de parking réservée aux handicapés (f) estacionamento para deficientes
plage (f) praia
plan (m) mapa
planche à découper (f) tábua de cortar
planche à repasser (f) tábua de passar roupa
planche de surf (f) prancha de surfe
planche à voile (f) prancha de windsurfe
plaque de cuisson (f) assadeira
plaque d'immatriculation (f) placa (do carro)
plaques rouges (f pl) erupção cutânea
plat (m) prato
plat d'accompagnement (m) prato de acompanhamento
plein/pleine cheio/a
pleuvoir chover
plonger mergulhar
plus mais
pneu (m) pneu
poêle (f) frigideira
poids maximum autorisé (m) limite de peso
poignée (f) maçaneta
poignet (m) pulso

pointure (f) tamanho (de calçado)
poissonier (m) peixaria
poitrine (f) peito; tórax
police (f) polícia
police d'assurance (f) apólice de seguros
policier (m) policial
pommade (f) pomada
pompe (f) bomba (pneu)
pompiers (m pl) bombeiros
pont (m) ponte
port (m) porto
port de plaisance (m) marina
porte (f) portão
porte d'embarquement (f) portão de embarque
portefeuille (m) carteira
porte-manteau (m) cabide
porte-monnaie (m) porta-moedas
porter carregar
porter plainte dar queixa
porteur (m) carregador
portière (f) porta (de carro)
possible possível
poste (f) agência de correio
poster pôr no correio
pot d'échappement (m) escapamento
poubelle (f) lixeira
pouce (m) polegar
poupée (f) boneca
pour para
pour affaires a negócios
pourquoi? por quê?
pouvoir poder; conseguir
préféré/préférée preferido/a
préférer preferir
premier/première primeiro/a
prendre levar; pegar
prendre l'avion ir de avião
prendre le train ir de trem
près de próximo; ao lado de
presque quase
pressé/pressée apressado/a
pression artérielle (f) pressão arterial
pression des pneux (f) pressão dos pneus
prêt/prête pronto/a
printemps (m) primavera
prix (m) preço
problème cardiaque (m) problema cardíaco
prochain/prochaine próximo/a
proche perto; próximo
produit contre les insectes (m) repelente de insetos
programme (m) programa
propre limpo/a
prospectus (m) folheto
pull (m) pulôver

Q

quai (m) plataforma
quand quando
quarante quarenta
quart (m) quarto (fração)
quatre quatro
que que; o qual
quelque chose alguma coisa
quelquefois às vezes
quelques alguns/algumas
quelqu'un alguém
quincaillerie (f) loja de ferragens
quitter deixar
quoi? o quê?

R

radiateur (m) radiador
radio (f) aparelho de som; rádio
rallonge (f) extensão (cabo)
rameur (m) remador
rampe d'accès handicapés (f) rampa para cadeira de rodas
râpe (f) ralador
rapport (m) denúncia
raquette de tennis (f) raquete de tênis
raser: se raser barbear (se)
rasoir (m) lâmina de barbear
rasoir électrique (m) barbeador elétrico
réanimation (f) reanimação
réchaud (m) fogareiro

recommander recomendar
reçu (m) recibo
redémarrer reiniciar
réduction (f) desconto
réfrigérateur (m) geladeira com freezer
regarder olhar; observar
rein (m) rim
remercier agradecer
remorquer rebocar
remplacer substituir
remplir encher
rendez-vous (m) consulta
renverser atropelar
réparer consertar; reparar
repas (m) refeição
repas à bord (m) refeição de bordo
répondeur (m) secretária eletrônica
réservation (f) reserva
réserver reservar
réservoir d'essence (m) tanque de combustível
restaurant (m) restaurante
rester ficar
retard: en retard atrasado/a
retrait (m) saque; retirada
retraité/retraitée aposentado/a
réveil par téléphone (m) serviço de despertador
rhume (m) resfriado
rhume des foins (m) febre do feno
rien nada
rivière (f) rio
robe (f) vestido
robe de soirée (f) traje de passeio
rond/ronde redondo/a
rond-point (m) rotatória
rose rosa
roue (f) roda
roue de secours (f) estepe
rouge vermelho/a
route (f) estrada; caminho

S

sable (m) areia
sac (m) saco
sac fourre-tout (m) sacola
sac à main (m) bolsa
saignement (m) sangramento
saignement de nez (m) sangramento nasal
saison (f) estação
salle d'attente (f) sala de espera
salle de bain (f) banheiro
salut olá
samedi sábado
sandale (f) sandália
sans sem
santé! saúde! (brinde)
santé (f) saúde
sauveteur (m) salva-vidas
savoir saber (verbo)
savon (m) sabonete
scanner (m) ultrassonografia
scooter (m) lambreta
scotch (m) fita adesiva
seau (m) balde
sec/sèche seco/a
sèche-cheveux (m) secador de cabelo
seconde (f) segundo (subst.)
sécurité: en seguro/a
semaine (f) semana
sentir: se sentir sentir (se)
séparément separadamente
sept sete
septembre setembro
serpent (m) cobra
serpillère (f) esfregão
serré/serrée justo/a; apertado/a
serveur (m) garçom
serveuse (f) garçonete
service en chambre (m) serviço de quarto
service rapide (m) serviço expresso
services d'urgence (m pl) serviços de emergência
serviette (f) guardanapo; toalha
serviette de plage (f) toalha de praia
servir servir
seul/seule só; sozinho/a

seulement somente
shampooing (m) xampu
short (m) calção
si tão
siège (m) lugar
le siège enfant assento para criança
signer assinar
site web (m) site
six seis
ski nautique (m) esqui aquático
skier esquiar
skis (m pl) esquis
snowboard (m) snowboard
soir (m) noite
soleil (m) sol
sortie (f) saída
sortir sair
sortir en boîte ir à discoteca
soucoupe (f) pires
souris (f) mouse (computador)
souvenir (m) lembrança
souvent frequentemente
spatule (f) pão-duro
spécialité (f) especialidade
sport (m) esporte
sports aquatiques (m pl) esportes aquáticos
station de métro (f) estação de metrô
station-service (f) posto de gasolina
statue (f) estátua
store (m) persiana
stylo (m) caneta
sucré/sucrée açucarado/a
sud (m) sul
supermarché (m) supermercado
suppositoires (m pl) supositórios
sur sobre
surfer surfar

T

tabac (m) tabaco
tabac-presse (m) banca de jornal
table (f) mesa
tableau (m) quadro (pintura)
tableau des départs (m) tabela (de horários) de partidas
tablier (m) avental
taille (f) tamanho (de roupa)
tailleur (m) alfaiate
talon (m) calcanhar
tard tarde
tarte (f) torta
tasse (f) xícara
taux de change (m) taxa de câmbio
taxi (m) táxi
télé satellite (f) TV por satélite
télécommande (f) controle remoto
téléphérique (m) teleférico
téléphone (m) telefone
téléphone portable (m) celular
téléphoner telefonar
télésiège (m) cadeira de teleférico
téléviseur grand écran (m) TV widescreen
télévision (f) televisão
tempête (f) tempestade
température (f) temperatura
temps (m) tempo
tenir segurar, manter
tennis (m) tênis
tente (f) barraca
terminal (m) terminal
terminé/terminée terminado/a
terrain de camping (m) camping
terrain pour caravanes (m) camping para trailers
terrain de golf (m) campo de golfe
terrain de jeux (m) playground
tête (f) cabeça
TGV (m) trem de alta velocidade
théâtre (m) teatro
thermostat (m) termostato
ticket (m) bilhete

nbre (m) selo; carimbo
e-bouchon (m) saca-rolhas
i você, tu, a ti
lettes (f pl) banheiro
n/ta/tes teu, seu/tua, sua/ teus, seus/tuas, suas
ngs (f pl) sandália de dedo
t cedo
ur (m) excursão
ur en bateau (m) passeio de barco
uriste (m) turista
urner virar (se)
ut tudo
ux (f) tosse
ain (m) trem
ansat (m) cadeira de praia
availler trabalhar
avers, à através
aversée (f) faixa de pedestres
averser atravessar
ente trinta
ois três
ouver encontrar
i você
ba (m) snorkel

U

n/une um/a
nité de soins intensifs (f) centro de tratamento intensivo
gences (f pl) pronto-socorro
gent urgente
tile útil
tiliser usar

V

acances (f pl) feriado
aisselle (f) louça
aleur (f) valor
alider validar; carimbar
alise (f) mala
apeur, à la no vapor
vaporisateur (m) spray
végétarien/végétarienne vegetariano/a
éhicule (m) veículo
élo (m) bicicleta
élo d'appartement (m) bicicleta ergométrica
vélo de ville (m) bicicleta
vendredi sexta-feira
venir vir
vent (m) vento
du vent ventoso
ventilateur (m) ventilador
verre (m) copo
vert/verte verde
veste (f) jaqueta
vestiaire (m) vestiário
vêtements (m pl) roupas
viande (f) carne de vaca
vider esvaziar
vignoble (m) vinhedo
vin (m) vinho
vingt vinte
viol (m) estupro
visa (m) visto
visage (m) rosto
visite guidée (f) visita guiada
visiteur (m) visitante
vite rápido; ligeiro
vide vazio
village (m) aldeia, vilarejo
ville (f) cidade; centro
voie d'accès (f) via de acesso
voiture (f) carro
vol (m) roubo; voo
volant (m) volante (direção)
volé/volée roubado/a
voler roubar
vos vossos/as, seus/suas
vous você/s
votre vosso/a, seu/sua
vouloir querer
voyage (m) viagem
voyager viajar
vrai justo/a; correto/a
vraiment realmente
VTT (m) mountain bike
vue (f) vista

W, Y, Z

wagon-restaurant (m) vagão-restaurante
week-end (m) fim de semana
yacht (m) iate
yoga (m) ioga
zoo (m) zoológico

AGRADECIMENTOS

A editora Dorling Kindersley gostaria de agradece às seguintes pessoas e instituições pela ajuda na preparação deste livro: Elma Aquino e Mandy Ear pela assistência no projeto; Nicola Hodgson, pela assistência editorial; Claire Bowers, Lucy Claxton Rose Horridge, no banco de imagens da DK; Adam Brackenbury, Vânia Cunha, Almudena Diaz Maria Elia, John Goldsmid, Sonia Pati, Phil Sergeant e Louise Waller, pela assistência na editoração.

CRÉDITO DAS IMAGENS

Legenda: a (acima); b (abaixo); c (centro); e (esquerda); d (direita); t (topo)

Alamy Images: Justin Kase pág. 111 cb; Martin Lee pág. 50 td; PhotoSpin, Inc pág. 36 cd
Cortesia da Renault: págs. 24-25 t;
Getty Images: Reggie Casagrande pág. 146;
PunchStock: Moodboard pág. 6

Imagens de capa: *Capa:* Corbis: Doug Pearson/ JAI c; PunchStock: Photodisc bc.
4ª capa: Alamy Images: Chris Howes/Wild Places Photography

Todas as outras imagens © Dorling Kindersley
Para mais informações, ver: www.dkimages.com

Este livro foi impresso em dezembro de 2010
pela Corprint sobre papel couché fosco 90 g/m².